誰も触れない不動産投資の不都合な真実

経営者新書

八木 剛
YAGI TSUYOSHI

GENTOSHA
幻冬舎 MC

はじめに

２０１４年、日本の不動産市場は活況を呈しました。アベノミクスによる景気の回復や東京五輪の開催決定を受け、国内外の個人投資家が首都圏の収益用不動産に資金を投入。相続税対策としての需要なども多く、年間の供給は前年比で９・４％増加しました（不動産経済研究所調べ）。２０１５年９月現在までの東京23区の賃料は上昇が続いており、新築マンションの価格も上がり続けています。

この盛況ぶりを見て、不動産投資やＲＥＩＴに興味を持った人も多いのではないでしょうか。確かに昔から不動産投資は、株など他の投資に比べて安定した収益を得やすいと言われてきました。しかし、本当のところはどうでしょうか？

不動産投資を始めようとする人の多くは、まず、数多くある不動産会社や金融機関などの中から、自分のパートナーとなるべき相手を選びます。そして物件購入後も、管理運営を基本的にはそのパートナーか、あるいは別の管理会社などに委託することになります。

だからといってオーナーである投資家は、すべてパートナー任せにせず、自らも不動産投資について率先して情報を得るようにしなければなりません。

たとえば、2014年には「東京五輪に向けて不動産の価値が上がる」という情報がよく出回りました。確かに、2015年現在、東京の湾岸エリアなどでタワーマンションが次々に建設されている状況などを見ると、不動産需要があるように思えます。

しかし、購入後が問題なのです。収益用に区分所有でマンションを購入しても、入居する人がいなければ収益は生まれません。新築プレミアムの付くうちに売り抜いて、売却益を狙おうという投機的な購入であればよいですが、長年持ち続けて収益を得ようと考えた場合、家賃下落リスクやリフォームリスク、さらには管理費や積立金の上昇リスクをきちんと収益シミュレーションに盛り込んでおく必要があります。

新築のうちは、できたてでピカピカの状態。修繕の必要もないため、管理コストは甘めの設定でも問題ありません。広告・宣伝のおかげで入居者も集まります。しかし、それが10年経つとどうなるか……。新築プレミアムは消失し、入居者集めが難しくなってくるため、入居促進費や機会損失コストが発生します。経年劣化が進み、修繕・補修の必要性も出てきます。一方で家賃の下落は避けられず、当初の想定よりはるかに厳しい収支バランスになってしまいます。しかし、このようなさまざまなリスクを考慮した収益シミュレーションは、オーナー自らが努力して得ようとしなければ手に入りません。

では、投資判断に本当に必要な情報を得て、正しい判断をするには、いったいどうしたらよいのでしょうか？

私は大学を卒業後、経営コンサルティング会社から、分譲マンション管理会社、賃貸マンションディベロッパー、賃貸マンション管理会社を経て、２０１５年に独立。以降、５００人以上におよぶ個人投資家に対し、収益物件を活用した資産形成のサポートを行ってきました。また私自身、物件を購入して管理もしており、これまでの不動産取扱総額は１００億円を超えています。

そこで本書では、さまざまな投資判断の基準について、一つひとつわかりやすく解説していきます。また、情報の正しい分析方法や判断基準なども実例に基づいて説明します。

この本により、一人でも多くの投資家が不動産投資の本質を知り、本当に有益な不動産投資がもたらす、素晴らしいプレゼントを受け取っていただけたら、これに勝る喜びはありません。

誰も触れない不動産投資の不都合な真実　目次

第2章　銀行融資の不都合な真実　45

第1章　不動産投資はそんなに儲からない

高まる不動産投資熱

リーマンショック以来、長らく低迷してきた景気も、２０１２年末以降はアベノミクス効果を受けてようやく回復傾向にあります。好況を意識する層が増える中、投資対象として不動産投資が注目を浴びています。

不動産価格の上昇も、「不動産投資なら簡単に儲かる！」という声を後押しする要因となっています。新築マンションの全国平均価格を見ると、２０１０年に比べて２０１５年５月時点には約２割高となっています。新築物件の価格につられて中古物件の価格も上昇しているので、一見すると不動産投資は非常によい状況にあるように思えます。

実需ではなく、「東京オリンピックまでは上がるはず」といった、根拠のないヒートアップによる部分も大きいのですが、そのあたりの事情はあまり考慮されていません。不動産価格指数などの数字だけが一人歩きしているのが現状です。

持っていれば値上がり確実――さらにはインカムも得られるということで、不動産投資はリスクを負うことなく利益を上げられる非常に簡単な投資だと見なされているのです。

自己資金ゼロでも投資用不動産を取得できる

自己資金ゼロで始められるようになったのも、不動産投資が注目を浴びる原因の一つです。不動産投資にはこれまで「富裕層のもの」というイメージがありました。株式やＦＸなどに比べて必要とされる資金の単位が大きいためです。

株式投資なら、数万円から始めることができます。小さな金額で始めて、こつこつと勉強しながら投資スキルを磨いていくことが可能なのです。スキルの成長とともに投資する額を少しずつ増やせるので、資金的な余裕がない人でも安心して手がけることができます。

ＦＸ（外国為替証拠金取引）や先物取引なども、レバレッジを低めに設定しておけば、あまり不安を感じることなく少額の資金で取引を始められます。

一方、不動産投資では物件を購入する資金がまず必要です（ＲＥＩＴのように証券化されているものもありますが、こちらは性質上、株式などと酷似しているので、本書で取り扱う不動産投資とは分けて考えています）。一棟買いなら数千万円から数億円という額になります。

資金面のハードルが高いため、少し前まで、「大家さん」といえば大半が年配の地主や企業のオーナーが大半でした。不動産投資は、担保になる土地や資金力を持つ富裕層向けの投資だったのです。

ところが最近では、銀行が一般のサラリーマンなどにも投資用物件の購入資金を貸し付けてくれるようになりました。以前には考えられなかった簡単さで、ごく普通の公務員やＯＬも不動産投資ができるよう、お金を貸してくれる金融機関が登場しているのです。

そういったローンでは購入した物件が担保になり、家賃収入で借り入れを返済できるので、実質的な負担はゼロとされています。試算してみると、確かにローンを返した上で収入を得ることができますから、理論上は自己資金ゼロでも手がけることが可能です。

返済が終われば、その後は家賃収入から経費を除いた額の１００％が手元に残ります。「悠々自適のシルバーライフを支える大きな収入源になる」というのが多くのディベロッパーや金融機関のうたい文句であり、本当なら夢のような話です。

何もしないで儲かる？　「不労所得」の代表格

不動産投資は、「物件を購入してしまえば、後は手間のかからない投資」と言う専門家もいます。

投資用不動産には入居者や店子がいて、毎日その物件を利用しています。ですから、円滑に運営するためには多くの手間がかかります。定期的な清掃や点検、修繕などの保守管理、家賃の集金やトラブル解決などの入居者への対応、その他にも空室を埋めるために仲介の不動産会社を回ったり設備のリフォームを手配したりと、やるべきことはたくさんあります。

昔は大家さん自身がそういった雑事をこなして経営している物件も、かなりたくさん見受けられました。自分が所有するアパートの掃除をしたり、入居者と顔を合わせて集金したりしていたのです。手を抜くとすぐに不具合が生じるので、賃貸業はそれなりに手間のかかる事業でした。

しかしながら近年では、管理運営を管理会社に任せるオーナーが大半を占めています。経験と実績のあるプロが、投資用不動産の経営に必要な雑事を代行してくれるので、オーナーは何もしなくても大丈夫。管理会社が集めてきた家賃収入を、ただ受け取るだけでいいとされています。

しかし、本当に不動産投資はそんなに簡単な事業なのでしょうか？

全体相場が高い時期は利益を出しにくい

不動産の価格が右肩上がりで上昇している時代は、一見すると、投資に成功しやすい状況のように見えます。ところが、実際には「キャピタルゲインを得にくい」というマイナス面が隠れています。

一般に、居住用の不動産は経年とともに値下がりしていきますが、投資用物件は相場の状況などによって価格が上下します。5年、10年保有した物件が購入時より高く売れることも珍しくないのです。

相場は変動しますから、上がっている時に購入するとそれ以上の価格で売却してキャピタルゲインを得るのは難しくなります。

高値で購入すると、インカムゲインの面でも利回りが下がるというマイナスがあります。1億円で購入した物件で年間1000万円の賃料収入が得られたら利回りは10％です。一方同じ物件を1億2500万円で購入したら、利回りは8％に下がります。ローンの返済や修繕、リフォーム、広告料など投資用不動産の経営にはさまざまなコストがかかります。２％の差は時には投資の成否を分ける大きな違いです。

不動産投資にせまる空き家の増加という暗雲

不動産投資にはかつて、資金力が必要とされるものの、他の投資に比べれば利益を出しやすいという時代がありました。簡単に言えば、住まいを求める人に比べて物件の数が少なかった時代です。

どんな市場も需要が供給を大きく上回れば、売り手市場になります。不動産投資においては、「借り手（＝需要）」が「物件数（＝供給）」に比べて多かった時代は、家賃を高めに設定していても借り手が次々に現れ、空室がほとんど生じない黄金時代でした。

しかし、今はそんな夢のような時代とは大きく異なります。

総務省が5年おきに発表する「住宅・土地統計調査」によると、２０１３年時点の住宅総数は全国に約６０６３万戸あり、うち空き家が約８２０万戸もあるとされています。日本中にある家の７件に１件が空き家という状態なのです。

一方、５年前の２００８年に比べて総戸数は３０５万戸、空き家は63万戸もの増加が見られており、住宅市場の供給過多が進んでいることは明らかです。

不動産投資の対象となる賃貸住宅に限ってみると、状況はさらに深刻です。２０１３年時点の総戸数は約２２７４万戸、うち空き家は約４２９万戸と発表されています。

５・３件に１件が空き家ということですから、30戸が入るマンションを保有しているオーナーなら常時５～６件の空き家に悩んでいる状態が一般的ということになります。

人口減で将来の市場はさらに過酷なものになる

空室の増加は、現在に限った問題ではありません。将来的には、不動産投資に対してさらに過酷な状況をもたらすことが予想されています。需要が回復する見込みがない中、供給はさらに増え続けるためです。

不動産投資において、賃料などの条件は景気動向の影響を受けて変動しますが、ファンダメンタルな需要を支えるのは景気動向ではなく日本の人口です。

景気がよくなり収入が増えれば、「より高い賃料を支払ってよい家に住みたい」と考える人が増えますが、「家をさらにもう何軒か借りよう」と考える人はあまりいません。

総務省統計局が発表している資料によると、日本の人口は２００８年に１億２８００万人あまりでピークを迎え、その後は右肩下がりで減少しています。晩婚化や少子化が進む中、この傾向は今後さらに加速すると予想されており、２０３０年には約１億１７００万人にまで減少すると考えられています。

これに伴って、65歳以上の高齢者の比率が急増します。２０１５年には約４人に１人だったのが、２０３０年には約３人に１人となるのです。

物件によって事情は異なりますが、現役世代の減少は不動産投資において「望ましい借り手の減少」を意味します。単純に人口が減るのに加え、将来的には二重の面で需要が縮小することになると国が予想しているのです。

ちなみに賃貸住宅市場の将来性については、２０３０年の市場規模が２０１０年の約７割に縮小するという予想があります。みずほコーポレート銀行は、２０１０年に12・６兆円あった賃貸住宅の市場が２０３０年には８・８兆円にまで縮小すると予想しています。

この先、人口や世帯数の変化はゆっくり確実に進みます。もはや、何もせずに不動産投資が儲かるという時代ではないのです。

「負け組」になる原因①　時代の変化に合わせられない

どんな業界でも同じですが、厳しい時代がやってくると、小さな判断ミスやわずかな努力不足が大きな失敗につながるようになります。不動産投資においてもこれまでは特に不具合を生じなかったやり方が、さまざまな面で通用しなくなってきました。時代の変化に対応できないオーナーは年々、儲けることが難しくなっています。

ここまで解説してきたとおり、不動産投資はすでに「物件を購入すれば自動的に儲かる」

というものではありません。社会情勢の変化により、不動産投資を取り巻く環境はかなり厳しいものとなっています。

今後はさらに「厳冬」の時代が来ることが予想されており、厳しい事情に合わせた丁寧な物件選びやサービス業であることを意識した経営が求められています。

そんな時代の変化に気づかず従前のやり方を踏襲しようとするオーナーは、負け組に陥るリスクが高いです。

日本には江戸時代から「地主・小作」や落語に登場するような「大家・店子《たなこ》」という賃貸の形式がありました。農地改革により「地主・小作」という制度は消滅しましたが、「大家・店子」のほうは今のオーナーと入居者の関係にほぼそのまま引き継がれています。

かつては「大家と言えば親と同然、店子と言えば子も同然」という言葉がありました。住まいを「世話してあげる」「世話してもらう」という意識がお互いにあり、その関係には親と子のような上下があるとされていたのです。

そのため、「子」である店子は「親」である大家に対して、お中元やお歳暮など盆暮れの挨拶をかかさないのが常識とされました。大家の側も、店子の生活が苦しい時には家賃の請求を待つなどの情をかけるのが一般的でした。

今でも入居者に対して「親子」にたとえられるような上下関係を意識しているオーナーは意外に多く残っています。地域などにもよりますが、入居者の側にもお中元やお歳暮を贈る人が見られます。

オーナーと入居者が密にコミュニケーションをとる関係には、もちろんよい面もあります。古くから投資用不動産を経営しているオーナーの中には、個人的なお付き合いをすることで円滑な物件経営に成功している人が少なくありません。

ただ、管理会社に入居者対応を委託するオーナーが大半を占める中、多くの場合には時代にそぐわない考え方となりつつあります。賃貸物件は、もはやビジネスととらえているためです。

変化する時代に合わせたサービス業としての意識が、今後はより強く求められるようになります。

「負け組」になる原因②　自分で調べたり考えたりしない

不動産投資では、オーナーが判断して対応すべきことがたくさんあります。

入り口となる物件の購入では、どのエリアでどんな規模の物件を購入するのか、シングルタイプやファミリータイプなどどんなタイプの物件を選ぶのか、もちろんいくらで購入するのかも大きな判断事項となります。

資金面では、どの金融機関を選ぶのか、どんなローン契約を結ぶのかを選択せねばなりません。また、家賃収入のうちどれだけをいざという時の資金としてプールするのか考えておくことも大切です。

経営を進める中でも、状況に応じてさまざまな判断が求められます。家賃の設定は重要ですし、空室が目立つようになれば、広告費用のかけ方なども工夫する必要があります。入居者への訴求性が高い設備の導入や内装、外装のリフォームなどをどうするかも不動産投資を成功に導くために重要な事柄です。

最終的に物件を手放す時には、売却時期や売却価格を決めねばなりません。

不動産投資に必要とされる、こういった判断を下すのはオーナーです。管理会社や金融機関、不動産仲介業者、ディベロッパーなどからアドバイスを得ることはできますが、最終的にはオーナーが適切に決断できるかどうかが成否の分かれ目となります。

ですから、不動産投資はあくまで自己責任で行うべきものです。ところが、オーナーの中には、経営に関わる決断に際して自身で深く考えることなく、関係する事業者の助言に従う人がいます。

管理会社や金融機関、不動産仲介業者、ディベロッパーなどは、確かに不動産投資に長く関わっているプロフェッショナルです。多くの専門家を抱えていますし、日々新しい情報に接していますから彼らの持つ知識や判断力には優れたものがあります。

ただ、本書で後に詳しく解説していきますが、時には彼らにとっての利害とオーナーの利害が一致しないことがあります。

たとえば、空室を埋めるのは物件を委託されている管理会社の仕事です。オーナーからすれば、なるべく早くに埋めてほしいところです。

また、管理会社はその要望に応えるため、「家賃の引き下げ」を提案することがあります。

しかし空室対策には、他にも「不動産仲介業者に対する密な働きかけ」や「詳細な物件資料の作成」などさまざまな手法があります。オーナーの利益を考えるなら、家賃を下げないですむ解決策をとるほうがよい場合も少なくありません。

こういったオーナーと不動産投資に関わる他のプレーヤーとの利益相反はしばしば発生します。そのことを意識せず、自ら動いて正しい知識を得ようとしないオーナーは、負け組になるリスクがかなり高いと言えます。

信頼できるパートナーと出会うために知識と判断力を備える

不動産投資で失敗しないためには、前述のとおり専門家を盲信してはダメなのですが、その一方で「誰も信じない」というスタンスではうまくいきません。信頼できるパートナーと出会い、きちんと見分けることが不動産投資においては非常に重要です。

どんな業界も同じですが、多くの事業者は自分だけが利益を得るのではなく、「Win-Win」になれるよう心がけるものです。お互いの利益になるようにうまく調整できれば、信頼関係を構築して長く一緒に働くことができるからです。

信頼できる事業者を見つけるためには、オーナー自身が判断材料となる知識を備え持つことが大切です。

不動産投資について豊富な知識があれば、事業者からのオファーを鵜呑みにするのではなく、本当に正当なものかどうかを自身で判断することができます。さらに知識があれば、事業者の話を聞く時に抜け落ちている情報がないかをチェックし、信頼できる相手かどうかを見ることもできます。

関連する事業者の中で、本当に信頼できる「Win-Win」の関係を築ける人たちとお付き合いできるようになれば、不動産投資の成功率は大きく高まります。

信頼できるパートナーに任せるべきは任せて適切なチェックを

信頼できるパートナーに業務を任せられるようになれば、不動産投資の労力はかなり軽減されます。オーナーによっては、本業の決算書や確定申告書などの書類までパートナーに渡して、「いいようにやってくれ」と言う人もいます。

複雑な税務や銀行との交渉などの資金面までプロに任せることができれば、効率のよい投資が可能です。

特に税務では、本業で大きな黒字が出た時に、投資用不動産の取得費用や減価償却を大きく乗せるなどの工夫ができるので、購入のタイミングなどさまざまな工夫ができます。

ただ、信頼し任せる中でも一定のチェックは大切です。具体的には「購入時の収益シミュレーション通りになっているか」は重要な確認事項ですので、一定期間ごとにチェックし説明を求めるようにしましょう。

負け組になる原因その③　理性ではなく感情で判断してしまう

不動産投資だけでなくビジネス全般に言えることですが、何かを決断する時に感情を交えてしまうと失敗する確率が一気に高まってしまいます。

特に、不動産投資では保有する物件にどうしても愛着がわきがちです。株式投資やＦＸでは所有する「モノ」が現実には存在しないので、間近で見たり触ったりすることができませんが、不動産投資の場合は間近に見て触れるため、物件に対して必要以上の思い入れを持ってしまうオーナーが少なくないのです。

愛着がわくと「あばたもえくぼ」に見えてきます。たとえば、築年数が古く汚れが目立つようになった物件についても、「十二分に綺麗で魅力がある」と感じてしまうかもしれません。

「汚れが目立つ」というマイナス面が正しく感じられないと、「そろそろメンテナンスが必要」と正しく判断することができません。すると、入居希望者が減り空室が増加しているのに、オーナーには理由がわからないという困ったことになります。

一方、愛着ゆえ「綺麗にしてやりたい」と過剰に意識してしまうケースもあります。物件が、まるで「愛娘《まなむすめ》」のように感じられてくるのです。

すると、可愛い娘の外観や内装をできるだけ綺麗にしてやりたいと考えます。

都心にある物件ならコストをかけてリフォームすることで、リターンが大きくなるものもあります。老朽化した家賃3万円の物件がハイセンスなリフォームにより、家賃8万円の物件になるケースもあるのです。ただ、地方や郊外では綺麗にしてもあまり需要は伸びません。効率よく収益を上げるためには、手をかけるにしてもエリアに合う適正な物件になるよう「計算」しなければならないのです。

また、物件に愛着を感じていると、売却する際にもなかなか決断することができません。相場の状況がよく、「高値で買い取りたい」という願ってもないオファーが来た時にも、理性では売り時だと判断できるのに「売りたくない」と考えてしまうのです。

さらには、「売却するのであれば、せめて綺麗にしてやってから……」などと考えたりします。娘を嫁に出す時のような心境に陥ってしまうのでしょう。

メンテナンスにかけたコスト以上に売却価格が上がるなら、綺麗にすることにも意味はありますが、感情が勝るとそういった判断ができなくなってしまいます。

他にも、物件に対する思い入れが強くなるパターンとして多いのが「先祖代々の物件」というケースです。古くから代々受け継いできた土地を大切にしている地主は少なくありません。また、不動産投資は相続税対策という人も多いため、収益に対する意識はあまり高くないのも特徴です。そのため、物件に対する思い入れで適切に判断できないケースが多々見られます。

負け組になる原因④　数字だけで投資判断をしてしまう

思い入れの強い人が失敗するのとは逆に、投資用不動産を金融商品のように扱うことで失敗する人も少なくありません。

不動産投資には主に、売買で収益を得る投機的な面と入居者に住まいを提供するサービス業という二つの特性があります。株式投資やＦＸにはない実業という面があり、しかもそれが大きいのです。

不動産投資の世界には、投機的側面だけに着目して投資を進める専門家もいます。東京在住の資産家に「北海道の物件が儲かるから買いませんか？」と勧めたりするのはまさにその典型です。

もちろん、それで成功することもあるでしょう。物件の価格や広さ、構造、家賃や利回りなど収益に関わる要件の情報は、物件を見なくても入手できます。そういった数字をもとに判断することは可能です。

ただ、見たこともなければ土地勘もない物件を購入することには、大きなリスクがあるのも事実です。不動産には一つとして同じものはありません。数値化できない部分も多くあり、特性はすべて違います。そこに魅力やマイナス面が隠れていることが多々あるので、株式やＦＸのように数字だけで判断することが難しいのです。

自分が住まいを決める時のことを考えれば、わかりやすいかもしれません。ほとんどの人が現地に足を運び、物件を見てから契約を結びます。周囲の街並みや住んでいる人たち、日当たりや風通しといった数字には表れない事柄が大切だと知っているからです。

物件そのものが持つ特性、株式でいうところのファンダメンタルズを判断基準に組み入れなければ、失敗する確率が大きく高まると言っても過言ではありません。

ファンダメンタルズを基本にする投資では、かのウォーレン・バフェットが有名です。バフェットの場合は株式ですが、投資する会社のことをしっかり調べ、「いい会社」と判断したら中長期的なスタンスで投資を続けて利益を得るというのが彼の手法です。不動産投資においても、同じ手法が有効なのです。

ですから、投資用不動産を購入するなら土地勘のある場所を選ぶことを強く勧めます。今住んでいる街やその近隣、子供の頃や大学時代に住んでいたことがあるエリアなど、土地勘のある場所なら失敗するリスクをかなり軽減することができます。

負け組になる原因その⑤　何ごともプラスに見てしまう

ポジティブなのは素晴らしいことですが、不動産投資においては失敗につながることがあります。

不動産投資は、見えない未来をどう予想するかによって成否が決まります。たとえば現状の家賃はわかりますが、5年後、10年後にどこまで引き下げねばならないかはわかりません。エリアの人気が高まれば、意外に小さな下落ですむかもしれませんし、反対に新しく魅力的な競合物件が近所に建ったら、大きく値下げする必要が出てきます。

経費についても同じです。空室が増えるようなら広告費を増やさねばなりませんし、競合物件に対抗するため、リフォームや設備の導入費用がかかるかもしれません。

これらについてはわからないことが多いので、予測して備える必要があるのですが、その際にオーナーごとの性格や考え方が表れます。

心配性な人は、家賃の下落率を大きめに想定します。空室がかなり増えると予想し、そのためのコストを大きめに見積もります。もしかしたら配管など大規模な修繕が必要になるかもしれませんので、ある程度の修繕費を積み立てておきます。

反対にポジティブな人は家賃の下落率は小さいと考え、コストもあまりかからないと予想します。予想通りならよいのですが、もし心配性な人が予測した通りのことが起きたら、資金のプールが足りず物件を手放すことになりかねません。

不動産投資においてポジティブすぎる考え方は、失敗につながることが多いのです。

絶対儲からない物件は１割程度しかない

不動産投資において、物件選びは大切です。「儲かる物件を見つけることこそ一番重要な事柄」と考えているオーナーも多いでしょう。

儲からない物件は簡単に言えばコストが大きく、収入が少ない物件です。

①購入価格が高い物件

売却時に、売却損が大きくなる可能性があります。安定した家賃収入が見込めても、最後に大きな損失が確定してしまうと、トータルでは利益を出しにくくなります。

②賃料の下落率が大きい物件

物件購入から数年先、売却時にかなり大きな賃料下落がある物件です。通常、家賃は周辺の競合物件から相場なりの下落率を示すものですが、交通の便が悪いなど立地に難があるものや、近くにあった大学が急に移転するなどが起きると、急激な家賃下落が起こり得ます。

③修繕費用などのランニングコストが大きい物件

物件の修繕コストは、想定が難しい費用です。外壁塗装などある程度の年数ごとに改修する必要性がわかっているものはよいのですが、配管のトラブルなどはいきなり発生する上に、改修には大きなコストがかかります。

④入居者トラブルが発生する物件

騒音などによる入居者間のトラブルや家賃の滞納があると、対応に手間と時間がかかります。入居者が居着きにくいなどの弊害が発生することもあり、収益の減少につながります。

⑤空室率の高い物件

空室率は、そのまま収益につながります。空室率を低下させるためには家賃の引き下げなどが必要になることがあり、損益に大きく影響します。

このように儲からない物件の条件を挙げてみると、当てはまる物件はかなりたくさんありそうです。しかしながら、その一方で「やり方次第ではほとんどの物件で利益を上げることができる」のも事実です。

多くの物件やオーナーを見てきた経験に照らすと、「絶対に儲かる物件」「やり方次第で儲かる物件」「絶対に儲からない物件」の割合は1：8：1程度です。つまりよほどの間違いを犯さなければ「絶対に儲からない物件」をつかんでしまう可能性は、実はかなり低いのです。

【コラム】成功するオーナーは「お客様」ではなくパートナー

「お客様は神様です」という言葉があります。

近年では「お客様と事業者は絶対的な上下関係にある」という意味で使われることが多いのですが、もともとの趣旨とは異なることをご存じでしょうか?

この言葉を最初に発したのは昭和の人気歌手、三波春夫でした。その真意について公式ブログでは以下のように紹介されています。

歌う時に私は、あたかも神前で祈る時のように、雑念を払って澄み切った心にならなければ完璧な藝をお見せすることはできないと思っております。ですから、お客様を神様とみて、歌を唄うのです。また、演者にとってお客様を歓ばせるということは絶対条件です。だからお客様は絶対者、神様なのです。

（三波春夫公式ブログより転載）

最高のパフォーマンスをするために、神前で歌うのと同じような心境になるよう心がけているというのが、この言葉の真意だったようです。

いつしかその言葉が曲解されるようになり、最近では「お客様」である自分は事業者より偉いのだと考える人がいます。

不動産投資においても関係する事業者に「自分は客なのだから」という姿勢で対応する投資家が時々いて、物件の購入をサポートする仲介会社や管理会社などに対して、「サービスを求めるのは当たり前」と考えているオーナーがいます。

しかし不動産投資において成功を求めるなら、この考え方は間違いです。

ちまたに投資用不動産物件はたくさんありますが、一つとして同じものはありません。工業製品とは違って立地など一つひとつの条件が異なります。ですからリスクが小さく利益を出しやすい物件、いわゆる「おいしい物件」は取り合いになります。

一方、売買を仲介する不動産会社にとっては、誰に売却しても得られる利益は同じです。買い手がたくさんいる中、投資家として好感の持てる人や次につながる人に売却したいと考えるのは当然のことでしょう。

ですから、「不動産仲介業者は飯の種」などと考えている投資家は成功しません。

成功する投資家は不動産仲介業者に限らず、事業に関わる事業者と良好な関係を築くことができる人です。「投資家と関連事業者は一緒に利益を追求するパートナー」と考える人が、成功するのです。

第2章　銀行融資の不都合な真実

銀行マンは自然減少する「融資残高」のノルマに追われている

不動産投資を手がける上で欠かせないのが、銀行など金融機関とのお付き合いです。即金で物件を購入できる自己資金があれば別ですが、1棟単位で投資物件を購入するだけの現金を持っている人は資産家でもそれほど多くはありません。

土地などの資産を担保に金融機関からお金を借り入れて物件を購入し、月々の家賃収入の中からローンを返済しながら利益も確保するのが一般的な不動産投資の手法です。不動産投資を成功させるには、銀行マンとのお付き合いが欠かせません。

ドラマなどで最近描かれることが増えていますが、銀行員の多くは日々、厳しいノルマに追われています。新人の頃から「定期預金の獲得」「投資信託の販売」「クレジットカード契約の獲得」などのノルマに追われ、達成できなければさまざまなペナルティが科されます。

その中の一つに「融資残高」というノルマがあります。多くの場合、融資残高のノルマは各支店に割り当てられ、支店（チーム）での目標になっているようです。

融資先の融資残高を増やすためには、新規の融資を獲得したり、既存の顧客に対して新たな貸し付けを行ったりする必要があります。ただ、新規の融資先や新たな借入をしてくれる企業は簡単には見つかりません。

しかし新たな融資がなければ、既存の融資は毎月返済が進むので融資残高は自然に減少していきます。優良な顧客ほど確実に早く返済するため、融資残高の減少が進みます。

融資残高の他にも、銀行員の評価に結びつく事柄に金利があります。同じ額の融資でも金利の高い契約ほど銀行の利益はふくらむので、高く評価されるのです。

銀行内にある融資を阻む稟議の壁

融資残高を増やしたい銀行員ですが、自身の判断で融資できるわけではありません。融資を行うには、上司や本部の決裁が必要となります。

決裁を得るために、担当の銀行員はまず「稟議書」を作成します。不動産投資を行うA社への融資を希望する時には「A社に融資をしても焦げつくことはない」ということを行内に示すための稟議書を作成するのです。

稟議書にはA社に対する融資の総額はもちろん、担保物件の価値、A社の債務者区分（財務内容など債務者の状況）などが記載されます。

作成された稟議書は支店の融資担当者や融資係長、次長、支店長などに閲覧され、チェックを受けます。金額が一定限度を上回る案件の場合には、さらに本社の審査部や融資部にまで回されて検討されます。

A社を直接担当する銀行員は基本的には「なんとか稟議書が通って融資ができますように」と願っています。融資残高が増えますし、稟議書を作成するためにも大きな時間と労力を割いているからです。

一方、審査を行う側の立場は違います。「融資ＯＫ」の決済を下したA社がもし返済不能に陥り貸付金が回収できなくなれば責任を問われるため、「少しでもリスクがある案件は融資不可」にと考えています。

この稟議の壁を越えられないと、融資は下りません。

融資を決めるもう一つの要素　銀行の状況

同じ人が同じ不動産物件の購入費用について融資を希望しても、融資が下りる場合と下りない場合があります。銀行の状況によって、融資が下りやすい時期とそうでない時期があるためです。

景気動向や金利などによって融資の状況が変わることはよく知られていますが、もう一つ「金融庁の検査」によっても違ってきます。

この検査は「銀行検査」とも呼ばれ、銀行法などに基づいて行われるものです。金融庁には立ち入り検査権や資料提出権が認められており、検査官が銀行の店舗に立ち入ってさまざまな書類などを調べます。

検査が行われるのは銀行の信用秩序を維持し、預金者の財産を保護するためです。法令の遵守や自己資本率の確保、不良債権への対応などが厳しくチェックされ、問題があると見なされると行政処分が下されることもあります。

そのため「そろそろ検査が来そう」という時期になると、融資の審査が甘すぎると指摘されないよう、銀行は貸付金の回収を急ぎ、新規の貸し出しには厳しくなります。

ところがその反動で、金融庁の検査が終わると多くの金融機関は一気に、融資の大盤振る舞いを始めます。検査終了後しばらくは検査がないことがわかっているためです。

検査が入る時期は不定期ですが、特に問題がなければ3年程度の間が空くのが一般的です。検査前には15％程度引き締めるので、直後には約15％多めに貸すとも言われています。

銀行とお付き合いする中で、「うちへの融資は断ったのに、あんな人に融資するのか？」と疑問に感じることがあるかもしれません。その背後には、そういった検査の前後という事情の違いが隠れていることも考えられます。

ちなみに銀行と密にお付き合いしていると、検査が入ったことを教えてもらえることがあります。また金融庁は検査中の金融機関名を同庁のホームページで公開していますので、そちらをまめにチェックしておくことでも、融資を依頼するのに適当な時期を見計らうことができます。

1　銀行は失敗する物件でも融資する

不動産投資を行うオーナーの中には「銀行が貸してくれるなら大丈夫」と考える人がいます。

事業計画の成否について、担当の銀行員だけでなく融資の専門家や経験豊富な支店長などがチェックした上で融資が下りるのです。失敗するはずがないと安心してしまうのは、自然な流れかもしれません。

ところが実際には銀行から融資が下りたにもかかわらず、成功とは言えないケースがあります。利益を上げられると考えて購入した物件だったのに、ふたを開けてみると「空室がなかなか埋まらない」「修繕費用がかさむ」などの不具合があり、オーナーからすれば「失敗」となることがあるのです。

銀行側ももちろん、収益性の低い物件より、高い物件の融資をしたいものです。しかし、このような場合も銀行の見立てが間違っていた、というわけではありません。なぜなら、オーナーと銀行では「失敗」についての考え方が違うのです。

前述した通り、銀行は慎重な稟議を重ねて融資の可否を決めます。しかし、主に稟議されるのは投資物件が利益を上げるかどうかではありません。融資した資金と利息をちゃんと回収できるかどうかを稟議するのです。

物件から上がる家賃収入がリフォーム・修繕コストやローンの支払金利といった月々の支出よりも下回ってしまえば赤字になり、その分のキャッシュが必要になります。

他の物件の利益から補てんしたり、預貯金などを取り崩したりすることで赤字分を埋めなければなりません。

こうしたコスト負担が大きく、改善されないとなれば、売却するかリノベーションなどをする必要がありますが、売却損やリノベーションによる損失は、オーナーにとっては失敗です。リノベーションが功を奏して収益が改善しても、トータルで黒字になるには、数年はかかるでしょう。

しかし銀行側からすればそこまで考えた上で融資をしていては、ほとんど融資ができない、という事情もあります。ですからオーナーは銀行がＯＫなのだから、大丈夫などと考えてはいけないのです。

2　金利のうま味をとる銀行もある

日本には数多くの金融機関があります。都市銀行4行の他、地方銀行は60行以上、さらには260を超える信用組合など300を上回る金融機関があり、それぞれ融資のスタイルに違いがありますが、一般的にはリスクを嫌います。

しかし、中にはあえてリスクのあるケースに積極的な融資を行う銀行もあります。そういった銀行が狙うのは、金利による大きな利益です。

たとえば1億円を固定金利3・9％の元利金等返済、30年ローンで借り入れた場合、最終的な総支払額は1億6980万円あまりとなります。

つまり、6980万円が利息分となるのです。ローンの支払い方式には元金均等方式と元利金等方式がありますが、特に元利均等で返済する場合は、はじめのうちは返済額に占める利息分が多いため、元金均等方式よりも利息の支払額は多くなります。

銀行側は1億円を30年間貸し付けることで、7000万円近くもの利息を得ることができるのです。

こういった計算から、リスクのある案件でも、融資を手がける銀行もあるので「銀行が融資してくれる＝投資に踏み切っても大丈夫」とは言えないのです。

3 融資可能な額をわざと小さめに言うことがある

融資額を増やしたいはずの銀行員が、融資可能な額を意図的に低く言うことがあります。たとえば不動産投資を手がけるAさんが1億1500万円で売り出されている物件の購入資金について融資を申し込んだとします。

Aさんには、自己資金が1000万円ほどしかありません。そこで諸経費と不動産取得税を自己資金で賄い、購入資金については1億1500万円全額を融資で賄いたいと銀行員に申し入れました。

物件の土地価格が高く担保価値があるので、担当の銀行員が少し頑張ってくれたら稟議を通るだろうというのがAさんの読みでした。不動産仲介会社が紹介してくれた銀行員は経験豊かなやり手ということだったので期待したのです。

ところが、しばらくして銀行員が持ってきた返答は「８０００万円なら融資できる」というものでした。８０００万円では物件を買うことはできません。Ａさんは、投資を諦めざるを得ませんでした。

もちろん銀行もビジネスですから、リスクがあると判断して融資を断るのはごく一般的なことです。ただＡさんのようなケースで時々見られるのは、銀行員が稟議書を書いたり上司に諮《はか》ったりすることなく、勝手に８０００万円という数字を持ってくるケースです。

経験豊かな銀行員は過去の例に照らして「自己資金が少ないＡさんへの融資は難しいが、８０００万円なら稟議を通るだろう」と判断することができます。一方、「Ａさんの希望通りに１億１５００万円の融資を求める稟議書を書いた場合には、通らない可能性が高い」とも判断できるのです。

稟議書を書くのは、骨の折れる作業です。やり手の銀行員であれば、数多くの顧客を抱えています。毎日忙しく働いている中、難しい融資を求める稟議書を書いても労多くして報われないかもしれません。

そこで、実現の可能性がある８０００万円という数字をＡさんに伝えることにしたのです。

Aさんが「それでは無理」というのなら仕方がありません。逆に、もし8000万円の融資でよいというのなら、稟議を通すことはかなり簡単になります。

4　融資の見込みが薄くても「やります、できます」と言う

多くの営業マンと同じで、銀行員も「できます、やります」と答える癖があります。投資家から「この融資、通せるかな?」と訊ねられたら、ひと目で無理と思えるケース以外はとりあえず「できます、やります」と答えるのです。悪気はないので、そういうものだと認識しておくのが賢明でしょう。

ただ、稟議が滞った場合になかなか教えてくれないのは困りものです。支店長や融資課が難色を示しているケースでも、日頃からコミュニケーションを取れていないと完全にダメとなるまで教えてくれません。

ですから人気が出ること必至ですぐにでも手を打ちたいなど時間に限りがある時には、融資を頼んでいる投資家の側から問い合わせてみる必要があります。もしくは、そのような時

のために、回答時間の早い、遅い金融機関、ないしは担当者を事前に把握しておく必要があります。

5　物件評価に実は統一性がない

担保となるものの価値は、融資の可否や額を決める大きな要素です。不動産投資においては多くの場合、購入しようとする物件が担保になります。

投資用不動産の価値を測る手法は、主に二つあります。収益還元法と積算法です。

収益還元法

一定期間に得られる収益と利回りをもとに、価格を割り出す方式です。投資用不動産の持つ収益性を基準とする価値を、判断することができます。

積算法

建物の価値と土地の価値を積算して、不動産物件としての価格を割り出す方式です。銀行が担保価値を測る際には、主にこの方式を使います。

〈用語の解説〉

純収益

収益から経費を差し引いたものです。たとえばハイツFの家賃収入が月に120万円、経費（維持管理費、修繕費、損害保険料、公租公課など）が20万円だったとすると、純収益は120万円マイナス20万円で100万円となります。

還元利回り

不動産価格に対する純収益の割合です。投資用不動産の収益性を示します。

図表1　投資用不動産の価格算出方法

【ハイツF】
家賃収益：100万円／月
還元利回り：8%
土地：120坪
坪単価：60万円
建物面積：420㎡
構造：RC造、築25年

収益還元法
収益価格＝一定期間の純収益÷還元利回り
●ハイツFの場合
1億5,000万円＝100万×12か月÷0.08

積算法
積算価格＝土地価格＋建物価格
土地価格＝坪単価×坪数
建物価格＝再調達価格×延べ床面積×（残存耐用年数÷耐用年数）
●ハイツFの場合
土地価格：7,200万円＝60万円×120坪
建物価格：3,932万円＝20万円×420㎡×（22年÷47年）
積算価格：1億1,132万円＝7,200万円＋3,932万円

	構造別耐用年数（※）
鉄筋コンクリート（RC）造	47年
重量鉄骨造	34年
軽量鉄骨造	22年
木造	22年

※構造別耐用年数は銀行によって異なるため、ここでは一例とする

	構造別再調達価格／㎡
鉄筋コンクリート（RC）造	20万円
重量鉄骨造	17万円
軽量鉄骨造	15万円
木造	15万円

構造別耐用年数

建物の構造ごとに銀行が定めている耐用年数です。これを目処《めど》に銀行は融資を行います。

残存耐用年数

耐用年数から築年数を差し引いたものです。耐用年数があと何年残っているかを示します。ハイツFの場合は鉄筋コンクリート造なので、残存耐用年数は22年となります。銀行側は一般的に22年までのローンを認めてくれます。

ハイツFが重鉄骨造であれば、残存耐用年数は9年となるため、ローンを組むのが難しくなります。

構造別再調達価格

再調達価格は「同じ建物を建てるとしたらいくらかかるか」というコストを示します。構造ごとに基準となる平米あたりのコストを、銀行が定めています。

59ページの図表1を見てわかるとおり、同じ物件でも計算方法によって価格がかなり違ってきます。収益還元法を使って収益性という観点から見ると１億５０００万円。積算法を使って不動産物件として土地の価値と建物の価値から見ると１億１１３２万円となり、４０００万円近い差が現れます。

金融機関もこれらの方式を利用して担保物件としての価値を測りますが、どちらをどの程度重視するかなどについては統一されていません。

また、耐用年数や再調達価格など、銀行ごとに単価はバラバラです。

収益還元法と積算法を併用することもあれば、片方のみを使うこともあります。併用する場合も、金融機関によって使い方が異なります。エリアごとに重視する計算方式を変えるなど、フレキシブルな対応を内規で定めている金融機関もあり、千差万別です。

したがって、金融機関ごとに自分の物件がどう評価されるのかがあらかじめわかれば、資金繰りの目処は立てやすくなりますから、パートナーにはこうした金融機関の特性に詳しいところを選ぶと心強いです。

6　融資条件にセーフティネットを設けている

与信評価が高い資産家以外では、金融機関から融資を受ける際に高めの金利での契約を求められたり積立預金を義務づけられたりすることがあります。

積立預金や高めの金利には、セーフティネットとしての意味があります。満室利回りをもとにしたシミュレーションでは返済可能だった物件も、空室が増えると家賃から月々のローンを支払うのが難しくなります。

ローンが支払えないからと簡単にデフォルトしないよう、一定のセーフティネットを設けているのです。

たとえば投資家のAさんが先に例で挙げたハイツFを購入するために、1億2000万円を借り入れたとします。

22年ローンで金利3・9%なら月々の支払いは約68万円になります。120万円の家賃収入があれば支払える額ですが、空室が増え家賃収入が80万円になると厳しくなってきます。経費を支払うと、ローンの支払いに必要なキャッシュが手元に残りません。資産や他の収入からキャッシュを穴埋めできなくなれば、デフォルトすることになります。

そんな時にはまず「積み立てをやめる」という手段があります。その分を返済に回すことができるので、Ａさんも資金繰りがかなり楽になります。

さらに、それでも足りなければもともと高めに設定されている金利の引き下げを検討します。３・９％の金利を２・９％に引き下げると、ローンの支払いは月々約62万円に減少します。

月額にして約６万円軽減されることで、家賃収入の中で経費とローンの返済を賄えるように調整するのです。

ただ、デフォルトを避けるためのこういった策を銀行の側から提案してくれることはまれです。借り主である投資家の側が「積み立てをやめたい」「金利を引き下げてくれ」と言い出さない限り、ほとんどの銀行は積極的に金利引き下げ策をとろうとはしません。

7　シミュレーションの嘘はスルーする

空き地や駐車場を保有する地主に対して、主に相続税対策として賃貸住宅を建てるよう建築会社などが提案するケースがよくあります。

建築費用は土地を担保に金融機関が融資することになるため、建築会社と銀行がしばしばコンビを組んで地主のもとにやってきます。この時、建築会社は自社で作った収支シミュレーションを地主に示します。

相続税対策がメインなので、たいていはそれほど儲かるシミュレーションではありませんが、魅力的と感じられる程度には黒字が出ることになっています。

ほとんどの場合、このシミュレーションには嘘があります。詳しくは第3章で解説しますが、収益や支出に関係するかなり大きな項目が非現実的なほど甘めに見積もられていたり、数字を書き込む欄がなかったりするのです。

コンビを組んでやってくるのですから、銀行もその収支シミュレーションには目を通しています。お金のプロである彼らが見積もりの甘さや抜けている項目を見逃すはずはありません。シミュレーションの嘘をスルーしてでも融資契約を結びたい、と考えているのです。

不動産投資は多くの場合、それほど大きな損失は出ません。ただ、立地条件が悪い物件の場合は空室率が極端に高くなることがあります。家賃収入が思うように得られなければ、月々のローン返済が滞ります。

地主の中には、土地は持っていても現金収入は少ないという方も珍しくありません。ローンの支払いができなくなれば、担保となった土地を銀行に接収されてしまいます。

相続税を節税して次の代に渡そうと考えていた大切な土地をその対策のせいで失ってしまうことになるのです。

8　金利は低いほどいいという嘘

不動産投資の経験がまだ浅く、銀行とそれほど密にお付き合いしたことがない人にとって、銀行が出す数字には確かな根拠があり交渉の余地はないように思えます。

金利についても、そう考えている人が少なくありません。

しかしながら、不動産投資で利用する事業用ローンは基本的には1件ごとのオーダーメイドです。融資額、返済期間、担保、さらには債権者の資産や属性といった条件により銀行側は自由に金利を設定してきます。

資産家などの場合はより低い金利を提示してきますが、「低いほどいいはず」と釣られてしまうのはNGです。融資契約を選ぶ時には、返済期間と金利のバランスをしっかり考える必要があります。

一般的に金利が低い融資は元金の返済割合が大きく、返済期間は短めです。一方、金利が高い融資は元金の返済割合が小さくなり、その分返済期間が延びます。

次ページ図のハイツYの例で見ると、低金利プランでは元金を含め年間11%を高金利プランでは年間7%を返済しています。

これに減価償却と法人税を加えると、低金利プランは借り入れの13%を高金利プランは8%を支出することになります。

ハイツYの利回りは11%なので、低金利プランなら家賃で支出を賄いきれず、2%分を手元のキャッシュで補うことになります。高金利プランを選べば手元資金を使うことはなく、

図表2　金利と返済期間

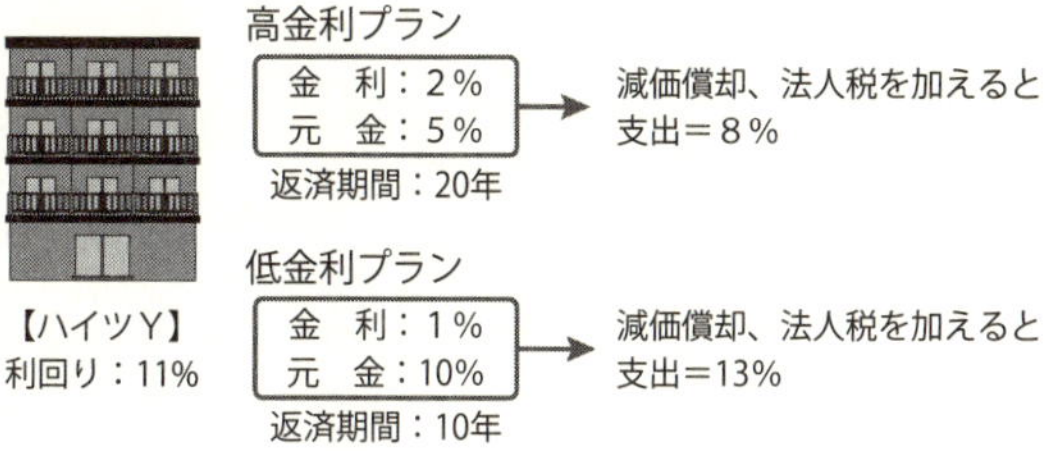

●低金利プランは利回りをオーバーする2%分を手元から支出。高金利は手元に3%残る

年間３％分の利益を上げることが可能です。

３％でも手残りがあるなら余裕を持って経営することができますが、手元キャッシュに余裕がない場合は、精神的にきつくなります。

立地などの条件がよく、20年、30年という長期にわたって安定した家賃収入が見込める物件の場合、返済期間が長くなるリスクを意識するよりも、余裕を持って経営できる高金利プランを選んだほうが、精神的な余裕から、結果的に成功につながります。

銀行は基本的に、短期間で元本が減る返済を好みます。物件や状況に応じた金利・返済計画を提案してくれることはありません。金利コストの調節には、投資家が適切な金利を見つけ出し、銀行と交渉していく努力が必要になるのです。

9 「投資家は飛び込みで銀行を開拓すべき」という都市伝説

金融機関について「自分で開拓すべき」とアドバイスする専門家がいます。飛び込みで融資を申し込み、金融機関とのお付き合いを広げていくことが不動産投資の成功につながるというのです。

確かに、多くの業種では飛び込みで提携先などを探すことで選択肢が増え、事業の成功につながります。積極的な事業姿勢に好感を持ってくれる事業者も多々います。

ところが、銀行は飛び込みを歓迎しません。資産家は日常から銀行とのお付き合いがありますし、事業をやっている方なら提携銀行があります。お付き合いのない銀行にわざわざ融資を申し込みに来る人には「よんどころない事情があるにちがいない」と、銀行は身構えるのです。

リスクを感じると、銀行は金利を高く設定します。

不動産仲介会社などから紹介を受けて融資を申し込むのに比べ、飛び込みの場合には金利が1％程度高くなると言われています。

同じような噂に「3期分の決算書がないと融資を受けられない」というのがあります。これも嘘です。銀行により異なりますが、状況や人によっては3か月分の書類で融資を受けられることもあります。

10　都市銀行は金利が低いという嘘

不動産投資の世界では都市銀行は金利が低く、地方銀行、信用金庫の順で金利が高くなると言われています。一般的には都市銀行1％、地方銀行2％、信用金庫3％などとされており、できることなら都市銀行で借りるのがお得という感があります。

実際には、不動産投資に対する融資の基準金利は各金融機関で異なります。設定の仕方は規模などによって異なり、日本銀行から直接資金を引っ張ってくることが可能な都市銀行は自力で基準金利を決めています。

一方、規模が小さい金融機関は長期プライムレートを参考に決めるのが一般的です。

ただ前述した通り不動産投資に対する融資はオーダーメイドなので、基準金利をもとにして1件ごとに交渉で金利を決めていきます。

資産家や高属性の投資家向けの融資は金利が低くなり、「リスクがある」と認識される投資家ほど金利が高くなります。基準金利よりはるかに低い金利で融資を受けられる資産家の投資家もいます。

11　金利は上がる危険性が高いので固定がいいという嘘

歴史的な超低金利が続く近年は、投資家にとって有利な時代です。ただこれ以上下がる余地がほとんどないだけに、金利上昇のリスクを指摘する人もいます。「住宅ローンと同様に固定金利を選んだほうが安心できる」と言うのですが、これは現実的なアドバイスではありません。

事業用ローンは、基本的に変動金利です。銀行によっては「アパートローン」という商品で、固定金利を売り出しているところもあります。変動金利の場合も、交渉で固定金利にしてくれるケースもありますが、その場合には金利がかなり高くなってしまいます。

金利変動のリスクは、不動産投資ではあらかじめ織り込んでおくことが賢明な対策と言えます。

リスクを考える際に意識しておかなければいけないのは、もともと低金利で借りている投資家のほうが金利上昇のダメージは大きいということです。金利３・９％で借りているケースと１％で借りているケースを比べてみるとよくわかります。

金利が１％上昇した時、３・９％の人にとっては利息分の支払いが２割程度増えるだけですが、１％の人にとっては10割増えることになります。ダメージ感は金利が低い人ほど大きいのです。

第3章　利回り・収支シミュレーションの不都合な真実

購入判断のベースになる情報の見方

キャピタルゲインとインカムゲインを検証して、利益が出ると思われる物件を購入することから不動産投資は始まります。

物件選びに間違いがあるとその後のキャッシュフローは厳しくなり、経営に行き詰まるリスクが高まります。また最終的に物件を手放した際の出口利回りも低くなり、投資全体の効率が悪化します。どの物件をいくらで購入するのかという選択は、不動産投資においてもっとも重要な判断事項と言えます。

利回りや収支シミュレーションといった情報に基づいて慎重に検討すべきですが、その前に意識しておくべきことがあります。

一つは、購入を検討する際に見せられる利回りはたいてい理論値です。

不動産投資には長期的な視点が欠かせませんが、5年後10年後の数字をきちんと予想して、リアルなシミュレーションをする必要があります。

不動産投資では、スタートとなる物件購入から多くの押さえるべきポイントがあることを知っておく必要があるのです。

1　「とにかく都心の物件がいい」は間違っている

投資用不動産を購入する際、「都心がいい」「とにかく都心であれば間違いがない」という言葉をよく耳にします。

確かに、都心の物件は家賃の下落率が低いのは事実です。ただし下落率が著しく低いのは都心のど真ん中に限られますし、収支に大きく影響するほどの違いがある好立地の物件はその分価格も高めです。

一方、都会に比べて地方の物件は経年とともに家賃が下がりやすい傾向があります。最寄り駅から遠く、通勤にバスを利用するエリアでは特に下落率が高めです。エリアの事情によっては将来的に売却する際、価格がかなり下がっていることも考えられます。

ただその分、安価で購入できるため、「投資を始めた当初は利回りがいい」といったメリットもあります。

都心、地方ともにメリットとデメリットがあるのです。一概に「都心がいい」と考えるのではなく、都会なら都会、地方なら地方に合った適地適正の物件を選ぶのが正解と言えます。

2 「設備充実がカギ」「ロフトで家賃高」とは言えない

豪華なエントランスやおしゃれなシステムキッチン、快適なジェットバスなど設備が充実している物件は入居希望者にも人気です。またロフトがあるなど、天井が高い物件も独特の開放感があることから広く支持されます。

こういった特徴のある物件は入居率が高く家賃も高めに設定できるため、「少々高価でも買う価値あり」とうたう仲介会社は少なくありません。

しかしながら、付帯設備の維持にはコストがかかります。広いエントランスは空調や照明の光熱費がかさみますし、掃除するのも大変です。おしゃれなシステムキッチンやジェットバスも、メンテナンスや入れ替えには高額の費用を要します。

故障や入れ替えを機になくしてしまうこともできますが、高めの家賃はそういった設備ありきなので、設備を排除すればもともとの家賃を維持することができません。

豪華な設備が収益につながるかどうかは、主にエリアを見て判断する必要があります。

通常、単身者向けの割安物件が多い地域では豪華設備はあまり評価されません。多くの単身者にとって、システムキッチンは不要です。仕事が忙しく家には寝に帰るだけという人なら、広いエントランスや高い天井にもあまり関心はないでしょう。

設備の維持費を賄うために家賃が相場より高いので、地域性に合っていないとかえって入居者がつきにくくなることもあります。

ロフト付きなどの物件についても、人気は高いものの、収益への影響については慎重に検証してみる必要があります。

居室の容積が大きいと同じ平米数でもかなり広く感じられるので、家賃をやや高めに設定できるのは天井高物件の利点です。家賃をアップできる割合は「ルート」分くらいと言われています。天井高が１・５倍なら家賃は$\sqrt{1.5}$＝１・２２倍ということです。

家賃８万円の部屋で計算すると、天井高が１・５倍なら家賃は９万８０００円になるということです。一般的な天井高を２・４メートルとすれば、３・６メートルまで拡大すれば、家賃を1・22倍にできるという計算です。しかし、実際は建物の高さ制限など、総合的に判断していくと結局、割高となることも多く、容積率や高さ制限の規制の緩い地域の場合でないとメリットを享受しづらいのです。

天井高については「同一家賃帯なら入居がつきやすい」という程度の特徴と考えるのが適当でしょう。物件購入を検討する時には、その上で価格が適正かどうか判断する必要があります。

3 収益還元による評価で将来の価値は測れない

投資用不動産の価値を測る方法については前章で紹介した通り、積算法と収益還元法が一般に使われています。銀行などは主にこの二つの方式を組み合わせて収益物件の価値を測り、担保価値を算出します。

ただ、これらの方式で弾き出されるのは「現時点における物件の価値」です。投資では5年後、10年後の価値を予測することが大切なのですが、将来的な数字を示す仲介業者はあまりいません。

土地の価値と建物の価値を合算する積算法については、比較的簡単に将来の数字を予測することができます。土地の路線価は、5年程度ではそれほど変わりません。建物の価値は築年数が増える分、残存耐用年数を入れ替えれば5年後、10年後の価値を算出することが可能です。

一方、収益還元法による評価は変動要素が多くなります。

80ページの図表3のハイツNを例に、計算してみましょう。

現状は年間の家賃収入1440万円に対して経費が240万円で、年間の純収益は1200万円とします。この時、想定還元利回りを8％とすれば、収益還元法による想定価格は1200万円（純収益）÷0・08（想定還元利回り）＝1億5000万円となります。

5年後に家賃が7万円に下がった場合、年間の家賃収入1008万円となり、ここから経費を引くと収益は768万円となります。

さて、ここで問題になってくるのは、この時家賃の下落を加味した還元利回りをいくつに設定するかで金額が変わってくるということです。10％と想定すれば、想定価格は768万

図表3　収益還元法による５年後の価格予想①

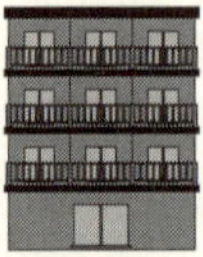

【ハイツN】
戸　数：12戸
経　費：20万円
利回り：８％

現在の価格

家賃：10万円／月
収入：1,440万円／年
経費：240万円／年
（1,440万円－240万円）÷８％＝1億5,000万円

５年後の価格

家賃：７万円／月 ← 競合物件が多数建ち家賃が下落
収入：1,008万円／年
経費：240万円／年
（1,008万円－240万円）÷８％＝9,600万円

円（純収益）÷０・１０（想定還元利回り）＝７６８０万円となり、12％と想定すれば、想定価格は７６８万円÷０・１２＝６４００万円、その差は１２８０万円にもなります。

このケースとは逆に、５年という歳月の中で不動産相場が好転することも考えられます。

相場環境がよくなり、全体相場が上昇すれば、想定還元利回りも下げることになります。ハイツＮの収益はそのままで、想定還元利回りを仮に６％に下げると、想定価格は１２００万円÷０・０６＝２億円に上昇します。

想定してみた二つのパターン「家賃の下落」と「利回りの上昇」は、いずれも十分起こり得る変化です。その変化により算出される価格はここまで変わるのですから、収益還元方式による物件の未来予想にはかなり変動幅があるということです。

4　収益還元法で算出する価格は現実から遠い理論値

収益還元法で算出する価格は変動が大きいだけでなく、精度にも問題があります。

収支シミュレーションが現在の入居率を基に組まれている場合には、かなり有効なシミュレーションです。気を付けなければいけないのは、満室を前提とした収益が計算されている場合、想定還元利回りの参考にはならないということです。

たとえば、現在の賃貸住宅の空室率は全国平均で18％程度とされています。つまり5・5軒に1軒程度は空き家です。保有している投資用不動産について、常にすべての部屋が埋まっていると想定するのは無理があります。

また、物件が古くなれば通常は入居率が低下します。そこで家賃を下げるなどして、入居率を保つ努力が必要になります。新築アパートであれば、近隣に競合物件が多数建つと急激に入居率や家賃が低下することもあります。入居希望者からすれば、家賃が同じならより新しく綺麗な物件、設備の充実している物件が選ばれます。

一方、駅近など交通の便がよいところは需要が多いため、競合物件がある程度増えても入居率はあまり低下しません。あるいは、適切なリフォームや近くに便利なスーパーができたなどで、家賃下落を抑えられることもあります。

このように賃貸不動産の収益は状況によって大きく変わります。収益還元法に用いる想定還元利回りは、こうしたさまざまな不確実性をできるだけ考慮したものであるという前提ですが、そこには限界があります。数値の設定に妥当性があるかどうかは、プロでも非常に難しい作業なのです。

5　相続税対策で入居率問題は今後ますますシビアに

前述の通り、賃貸物件の空室率は2013年時点で5軒強に1軒という高い割合です。入居率で言えば、8割を維持できれば「平均点」と言えます。

今後もこの問題が改善される目処はなく、ますますシビアになることが予想されます。人口減により需要が減少していることに加え、賃貸住宅特有の事情により、需要を無視して新たに建てられるケースが少なくないためです。

普通に考えれば、需要が少なそうな地方のような地域に賃貸住宅を建てようということにはならないはずです。しかし今もなお、地方部においても賃貸住宅が建てられるケースは少なくありません。なぜなら「相続税対策」として収益不動産が建てられる場合が少なくないからです。

土地を多く保有する資産家の中には、儲かるという予想が立たなくても相続税対策を目的に賃貸住宅を建てる人がいるのです。多少の赤字なら相続税の節税効果のほうが大きいので、需要にそれほどこだわることなく供給を増やしてしまうのです。しかし長期的に見た場合に、相続税対策後に賃貸経営をきちんと続けられるかどうかは、もっと慎重に見極める必要があるでしょう。

6　シミュレーションには家賃下落率を入れる

入居率と並んで、シミュレーションには家賃下落率を入れて考えるべきです。家賃は基本的に、経年とともに下落します。物件が古くなるにつれ、どうしても魅力が下がってくるためです。また近隣に競合物件が増えれば、競争優位性を保つために家賃を下げざるを得なくなります。

入居率が物件の立地や状況によって変化するのと同じく、家賃の下落率も物件ごとに異なります。一概にどのくらい下落するかを予想するのは難しいのですが、入居者が入れ替わるごとに下落するのが一般的です。

適切なリフォームをして物件の魅力を保てば、下落率を低めに抑えることは可能です。それでも「歳月を経てもまったく下がらない」ということは、住居系の賃貸物件ではありません。

家賃が下がれば、ローンの返済が厳しくなります。家賃が2割下落するとほとんどの場合、収支はトントン、または赤字です。急激に下がり過ぎれば、ローンの返済が滞ることすらあ

図表4　家賃下落率による収支シミュレーション

	家賃下落なし	家賃下落率 2% ／年
初年度家賃収入	100 万円／月	100 万円／月
10 年後の家賃収入	100 万円／月	81.7 万円／月
経費	20 万円／月	20 万円／月
ローン返済（元利均等）	70 万円／月	70 万円／月
初年度の収支	120 万円	120 万円
10 年後の収支	**120 万円**	**－ 99.6 万円**

り得ます。不動産投資のリスクを想定し、資金計画を立てる上で、家賃の下落率は非常に重要な項目です。

しかしシミュレーションに家賃の下落率が算入されていなければ、新築物件なら建った時からずっと、中古物件なら購入した時点からずっと同じ家賃で経営できるものとしてシミュレーションが組まれてしまいます。これでは、収益の予想を立てる上では参考になりません。

きちんとシミュレーションを組むなら「年間2％」など、立地特性などを加味した一定の下落率を設定して収支を計算してみるべきでしょう。もしくは、賃料を下げない想定とするならば、リフォーム代や募集費用などを積み立てておく必要があります。

図表4は、家賃下落の有無で収支がどう変わるかを計算してみたものです（ここでは税金は考慮に入れていませ

ん）。

初年度の家賃収入はどちらも月額１００万円あります。そこからローンの返済や経費を差し引いても、年間の損益はプラス１２０万円となります。

家賃の下落がないシミュレーションでは、10年後の損益も同じくプラス１２０万円です。

一方、家賃下落率を毎年２％に設定してみると、事情はガラリと変わります。10年後の家賃収入は81・７万円しかありません。そこからローンの支払い70万円と経費20万円を差し引くと、赤字になってしまいます。

資産を取り崩したり本業の利益を回したりして、年間99・６万円の赤字分を埋めなければならないのです。

7　シミュレーションに修繕費用を入れる

建物は経年とともに劣化します。外壁の塗装剥がれやコンクリートのひび割れ、雨漏り、配管の破損やエレベーターの故障などさまざまな不具合が生じます。

そういった不具合を解消して安全かつ快適に住み続けられるよう、分譲マンションには「長期修繕計画」と呼ばれるものがあります。大規模修繕の時期や予算についてあらかじめ管理組合が計画を立て、予算を積み立てておくことが法律で義務づけられているのです。

同じように経年劣化するのにもかかわらず、賃貸マンションにはそういった規定がありません。修繕費用の積み立てがないので、購入時のシミュレーションに修繕費の項目を設けて一定の出費を想定しておく必要があります。

高層住宅管理業協会では30年間の大規模修繕の費用として、１平米あたり月額１００円と算出しています。延べ床面積３００平米の賃貸マンションなら、月に３万円の出費です。物件を30年保有するなら３万円×12か月×30年で、修繕に要する費用は１０８０万円となります。購入した物件を大きな問題を発生させずに経営するためには、それだけの修繕費がかかると想定しておくべきなのです。

新築物件の場合は瑕疵《かし》担保責任があるため、10年間は大きな不具合については保証されます。問題は、中古物件を購入した場合です。たとえば築20年の物件を購入する時には、その時点までにどれだけの修繕を行ってきたかを物件の内覧時に積算する必要があります。

購入時点までで100万円分の修繕しか行っていなければ、1080万円−100万円＝980万円分のリフォームが今後必要と考えるべきです。

収支シミュレーションの中にこの費用を挿入すると、黒字だったはずが一気に赤字になることもあり得ます。

8 シミュレーションにはリフォーム代も入れる

外装や共用部などの大規模修繕とは別に、賃貸住宅では入居者が入れ替わるたびに内装のリフォームを行います。リフォームの費用は規模によって異なり、たとえば15平米くらいのワンルームなら、クロスの張り替えや床のクッションフロアの張り替え、クリーニングで3万〜4万円程度。ファミリータイプのキッチンをフルに入れ替える場合には、50万円以上かかります。

以前はリフォームに必要なコストを敷金や礼金、保証金で賄える時代がありました。入居者が入れ替わる際には数か月分の初期費用が入ったため、むしろ入れ替わりが激しいほどオーナーの利益が膨らんだほどです。

空室が増えて入居者側が優位になってきた最近では、こういった初期費用で入退去にかかるコストが賄えない物件が増えています。地域ごとの差が見られますが「初期費用は基本ゼロ」という風潮が首都圏以外では定着しつつあります。

リフォームは部屋ごとに行い、外装や共用部の修繕より頻度が高いので、オーナーのコスト負担は大きなものになります。

外装や共用部の修繕に比べても、2倍程度かかると言われます。30年で外装、共用部の修繕に1080万円かかる物件なら、内装のリフォームには2000万円程度かかると見積もっておくべきでしょう。

合計すると、修繕・リフォームで約3000万円を要することになります。収支シミュレーションの中でも非常に大きな金額です。

しかもこのコストを賄うことができなければ、物件の経営は滞ってしまいます。雨漏りしたり、エレベーターが壊れたりした場合には一刻も早く修繕する必要がありますし、適切なリフォームができなければ新しい入居者が入ってくれません。

逆に利回りに入れてはいけないものがあります。

私が見た中には、共用部の水道代や電気代を「収入」としている利回り計算がありました。確かに入居者から徴収していますが、電気会社や自治体にそのまま入金するお金なので、収入ではなく、一時的な預かり金、もちろん利回りには入りません。

9　残債と出口シミュレーションをする

不動産投資では常に入る前に出口を想定しておくものです。

何年後に、いくらくらいで売却するのか。それまでに残債はいくらになっているのか。この二点をしっかり想定してローンを組まないと、キャッシュフローは崩壊してしまい、最終的な損益を読むことができません。

新築物件ならまだしも、築25年で購入した物件が30年後もそのまま人が安全かつ快適に暮らせるだけの機能を保持している可能性はあまり高くありません。

現実的に意味のあるシミュレーションをするなら、一定の年度を目処に残債を計算し、出口金額を予想する必要があります。

「10年後に最低７０００万円くらいでは売却できそう。その間には返済が進んで、残債は６０００万円くらいになっているので、税金や諸費用を支払っても借金が残ることはない」といったものです。

投資である以上、最終的な損益の予想を立てておくことは必須です。

10　違法物件には気をつけなければいけない

建物について「検査済証」があるかどうかの確認はきっちりとしておく必要があります。

当初は「検査済証」があるという話であったのに、実際には完了検査を受けておらず、検査済証がないというケースもよくあります。古い物件では検査済証がないものも少なくありません。銀行の融資に影響するため、資金繰りの上でも大きな条件なので、投資家が自ら確認しておいたほうが安全な項目の一つです。

私も実際、物件の違法性を隠していたケースを体験したことがあります。シェアハウスとして運営されている物件を購入したところ、後になって自治体から是正勧告を受けていたことが判明したのです。シェアハウスに必要な要件を満たしていないため、営業してはいけない状態でした。

違法性のある物件は運営してインカムを得られないのはもちろん、売却もできないという大きな問題があります。さらに銀行が担保としての価値を認めないので、借り換えも不可能です。資金計画が大きく狂ってしまうリスクがあります。

さらに、最近では「民泊」と称した違法な宿泊施設の営業なども横行しています。自分では賃貸業を営んでいたつもりが、勝手に宿泊施設として転貸されていた、というケースも後を絶たないので、十分に注意する必要があります。

11 融資が100%通るという話はあり得ない

不動産投資では、不動産仲介会社が付き合いのある銀行を利用することがよくあります。信用を重視する銀行にとって、付き合いがある不動産仲介会社からの「融資してあげて」

という一声には価値があるのです。銀行の性格を知る不動産会社では、売り主側にも声をかけ、「売り主さんからもプッシュしてもらえますか」と頼むこともあります。不動産仲介会社と銀行は普段からこのように密接にお付き合いしているのです。

資産があまりなく銀行から高属性と見てもらえない投資家にとって、融資がつくかどうかは大きな問題です。融資が大丈夫となれば、それほど魅力を感じない物件でも購入したいと考える投資家は少なくありません。

不動産仲介会社から銀行とのコネクションを伝えられ、その言葉通り融資がつけばよいのですが、不動産仲介会社からの一声は銀行の担当者を一押しするくらいのものです。最終的な判断は金融機関の上層部で決まりますから、「100％」と言われた融資が否認されることは珍しくありません。

12　相続税対策にはなるが相続トラブルを招きやすい

不動産投資を始める理由としてよく見られるのが「相続税対策になるから」というもので

す。

資産の大半を土地が占めている地主の場合、相続税の納税資金は頭の痛い問題です。納税資金がなければ、先祖代々受け継がれてきた資産を次の代は相続することができません。

特に空き地や青空駐車場は税額の控除が少なく、対策として賃貸住宅を建てるよう建築会社や銀行から勧められることが多いのです。駐車場だった土地にマンションを建てると、土地は相続税法で「貸家建付地」として評価され、評価額が下がります。

その他にも現金資産としてよりも不動産として相続したほうが税務上有利な場合があるとして、不動産投資を行うことを勧められるケースがあります。

ただし長期的な視野に立つと、相続税対策として賃貸住宅を建てることにはデメリットもあります。相続が子供の代、孫の代と重なる中で賃貸物件の相続がトラブルのもとになる危険性が高いのです。

孫のうち一人だけが相続すれば、不公平が生じます。それを避けるために共同名義にすると、経営判断を巡る争いがしばしば発生します。家賃をどう設定するか、修繕やリフォームをいつするのか、あるいはいっそ売却してしまうか……経済的事情や土地に対する思惑が違う後の世代が、一つの方向を向いて賃貸物件を経営するのは非常に困難です。

一時的に相続税を節税できることがよいこととは必ずしも言えません。

13 インターネット上の物件紹介には嘘が紛れていることがある

インターネット上で投資用不動産を紹介するサイトはいくつもあります。ほとんどのサイトは良心的な内容が掲載されていますが、ごくまれに、一部の業者によって「存在しない物件」が混じっていることがあるので注意が必要です。

相場より売り値がかなり安い、利回りがよくローンを組んでも返済が容易、立地がいいので転売するだけでも儲かりそう……掘り出し物に見えるそんな物件は多くの場合、購入できない「嘘《うそ》物件」です。

その他に時々見られるのが、専属契約が結ばれていて物件紹介サイトに載せてはいけない物件の情報を契約とは無関係の業者が勝手に載せてしまうケースです。全国の不動産情報が登録・公開されている「レインズ」（Real Estate Information Network System＝不動産流通標準情報システム、国交省が企画）などから情報を取り、同一物件だとわからないよう平米数や部屋数を多少変えたりしてあります。

実際には存在しない物件なので、売買が成立することはありません。実害はないと言えばそれまでですが、架空の情報を載せる事業者が狙っているのは、その物件を餌に投資家から連絡が入ることです。連絡してきた投資家には「あの物件は決まってしまったが、他にも良い物件がある」とアピールし、他の商談につなげようとします。もちろん、信用できる相手だと判断できれば何の問題もありませんが、あまりインターネット上の情報を鵜呑みにしないよう、注意することに越したことはありません。

14 グレーゾーンの情報には気をつける

不動産物件を売却する際には、物件に関わる「重要事項」を説明するよう法律で定められています。物件の基本的な事項や法令上の制限、インフラ、諸権利など説明すべき事柄は多岐にわたります。

ただ、投資用不動産の場合には、それ以外にも「倫理的には説明すべき」と思われるグレーゾーンの事項がたくさんあります。法律的に瑕疵とは言えないものの、物件を運営していく上では障害になるような事柄であり、スペック表には出てこない情報です。

たとえば入居者の中に精神的な問題を抱える人や認知症の人がいれば、物件を経営していく中でトラブルが起きるリスクが高まります。また、長期にわたって家賃を滞納している人がいれば収支に影響します。

こうした説明の義務はないものの、物件購入を検討する上で重要な情報については、投資家が自ら取りにいくように努力しなければなりません。

【コラム】マシュマロを我慢できると不動産投資に成功する？

心理学の有名な実験に「マシュマロを食べずにどのくらい我慢できるか」というものがあります。米国の心理学者ウォルター・ミシェルが行ったものです。

4歳児を対象としたこの実験では、子供の前にマシュマロを置き、「今食べてもよいが、15分食べずに我慢できたらもう一つあげる」と告げ、子供がどう行動するかを観察しました。

子供たちの多くは我慢してもう一つもらうことを選びましたが、中にはすぐに食べてしまう子供もいました。

実験から12年後、ミシェルが子供たちのその後を調査した結果、驚くべきことがわかりました。マシュマロをすぐに食べてしまった子供たちは学校や家庭で問題を起こす率が非常に高かったのです。それとは逆に15分間我慢できた子供は学力テストの平均点がかなり高いことも判明しました。

「我慢できるかどうか」が人生において成功するための大きなカギであることがわかったのです。

不動産投資でもまさに同じことが言えます。１億円の物件を購入しても、ローンを返済し、経費や税金を支払うと手元には月々数万〜十数万円しか残らないことが珍しくありません。せっかく稼いだわずかな利益ですから、使ってしまいたくなります。ちょっといいお店で外食したり、温泉に行ったりすればすぐになくなる金額です。

しかしながら不動産投資で成功したいのであれば、このお金は使わずにプールしておくことを強く勧めます。

いざという時の修繕費やローンの支払いとして貯金しておくのです。

プールしたお金を使うのは物件を売却して最終的な損益が確定してから。20年後に売却する計画なら、20年間プールし続けるのです。

もしそれができたら不動産投資のリスクは限りなく小さくなり、成功する確率は飛躍的に高くなります。

マシュマロをもう一つもらうためには、15分間の我慢が必要でした。

不動産投資を成功させるには、もう少し長い我慢を要するのです。

第4章　満室経営ノウハウ・賃貸仲介システムの不都合な真実

空室が埋まらない裏側にはさまざまな不都合な真実がある

空室は不動産投資においてもっとも基本的な問題です。購入前にシミュレーションをした際には黒字が出ることになっていたはずなのに、なぜか赤字が続いている……そんな物件があるとしたら、ほとんどの場合、問題は入居率にあります。入居率さえ維持できれば、大半の物件はインカムで利益を上げられるのです。

管理会社に管理運営を委託しているなら、空室を埋めるのは管理会社の仕事です。管理会社は賃貸仲介を行う入居斡旋会社に依頼して入居付けをしてもらい、入居が決まれば報酬として仲介手数料や広告料を支払います。

賃貸入居斡旋会社は基本的に手数料が唯一の収入ですから、頑張って客付けを行うはずです。にもかかわらず、巷には空室が少ない物件と多い物件があります。家賃が相場より高いわけでもなく、見栄えが悪いわけでも設備が劣っているわけでもないのに、入居率が低迷している物件は珍しくありません。

その裏側には、多くのオーナーが知らない不都合な真実が隠れています。

1　広告料を中抜きしている管理会社がある

広告料は前述の通り、入居付けをしてくれた入居斡旋会社にオーナーが支払う報酬です。もともと入居斡旋会社には仲介手数料が支払われます。ただ仲介手数料には法的な規制があり、家賃の1か月分以上支払うことができません。そこで仲介手数料とは別に入居斡旋会社は「広告料」という名目で成功報酬を受け取るのです。

管理会社に物件の管理運営を任せている場合、広告料は管理会社を通じて支払われます。家賃の○か月分という単位で支払われるのですが、この時多くの管理会社は「中抜き」をしています。

たとえば成約時に2か月分の広告料をオーナーが支払うと、入居斡旋会社には1か月分を渡し、後の1か月分は管理会社が受け取るのです。

入居者が新しく入る際には、管理会社も審査や事務手続きなどの労力を使います。その分の報酬と考えれば特に不合理ではないため、大半の管理会社は中抜きしていることをオーナーに対して明らかにしています。

ところが中には、隠して中抜きしているケースがあり、その場合には不都合なことが生じがちです。

2 「もっと広告料を出したほうがいい」というアドバイスの嘘

隠れて中抜きをしている管理会社が空室に悩むオーナーに対して、「もっと広告料を出したほうがいい」とアドバイスすることがあります。広告料を増額すればモチベーションが高まるため、入居斡旋会社が優先的に入居者を案内してくれるようになると言うのです。

実際にそうであればよいのですが、増えた広告料を管理会社が自分のポケットに入れることもあります。

たとえば成約時に広告料として家賃1・5か月分を支払っているオーナーに対して、こっそり0・5か月分を中抜きしている管理会社があるとします。

成約しても、入居斡旋会社は1か月分しか受け取れません。競合物件のオーナーは2か月分出しているので、入居斡旋会社は入居希望者の紹介を優先してくれず空室がなかなか埋ま

図表５　広告料を中抜きする管理会社

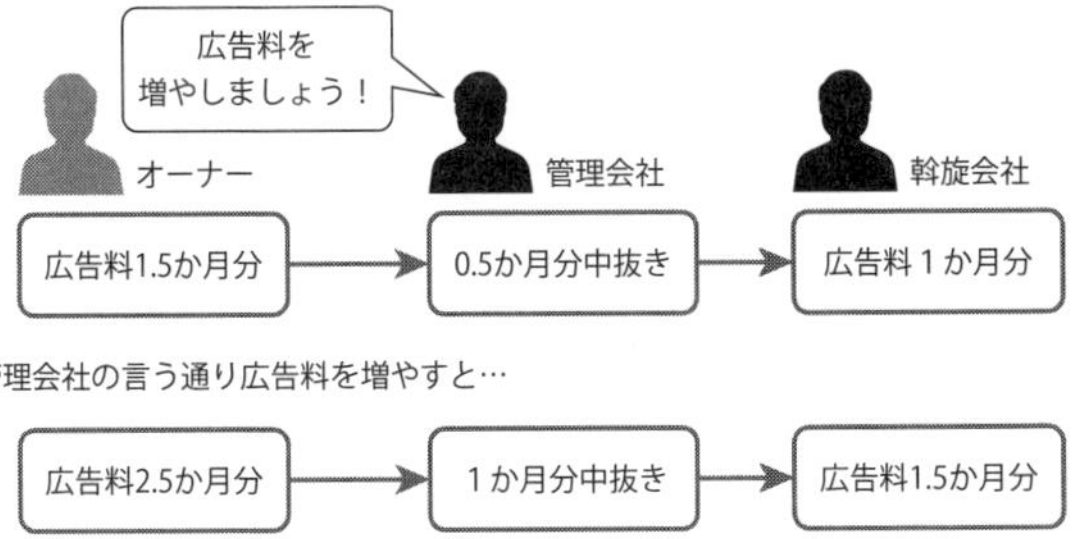

りません。

オーナーが対策を相談すると管理会社は「広告料が少ないせいです。競合は２か月なので２・５か月出しましょう」とアドバイスします。状況がわからないオーナーはアドバイスに従い、広告料を２・５か月分に引き上げます。

すると、管理会社は０・５か月分だった中抜きを１か月分に増額。同時に入居斡旋会社に渡す広告料も１・５か月分に増額します。

競合物件のオーナーは２か月分の広告料を出していましたが、やはり中抜きされて入居斡旋会社に渡るのは１・５か月分というケースです。このように、広告料を払っているどちらのオーナーも損をしている、ということが起こっているのです。

3　物件の魅力と広告料の額は反比例する

投資用不動産の空室が増える理由は主に二つあります。物件の魅力が足りないことと、広告料が少ないことです。これはどちらも賃貸入居斡旋会社の利益に直結します。

魅力の大きい物件には「入居者を案内すればすぐに決まる」という利点があります。入居斡旋会社の営業マンは毎日、賃貸物件を探すたくさんのお客と出会い、それぞれの希望に合う物件をチョイスして案内しています。

「日当たりのいい物件」「近所にコンビニなどがあって便利な物件」「環境が静かな物件」などお客の要望はさまざまです。成約しなければ報酬になりませんから、営業マンは把握している膨大な物件の中から、お客が納得しそうなものを選んで案内します。

案内する際にどの物件を優先するかは営業マンの力量やスタイル、さらにはなにを望むかによって決まります。

成約数を増やして利益を上げたいと考える営業マンであれば、一番好ましいのは「同一価格帯の中で魅力の大きい物件」です。駅近、環境良好、利便性の高い立地、広い、設備が充実しているなどの条件がいくつかしっかり揃っている物件、さらには大きなマイナスがない物件なら、お客を案内すればすぐに成約につながります。

広告料が安価でもあちこち案内する手間が省けるので、営業マンにとってはありがたい物件です。自然とお客を案内する率が高くなり、空室はすぐに埋まります。

一方、投資用不動産の中にはそういった魅力に乏しい物件もあります。築古で外観が汚い、部屋が狭い、環境が悪い、設備があまり揃っていないなど、同一の家賃価格帯では条件が悪い物件です。

そういった物件に案内しても成約できる可能性が低いので、営業マンからは嫌われます。そのため、優先的に案内してもらえるよう広告料を高めに設定する必要があるのです。

物件に魅力があるなら、広告料を０・５か月分に設定しても競合物件に勝って空室を埋めることができます。物件に魅力がない場合は２か月分、３か月分と広告料を多めに出すことで、入居付けをしてもらう必要があるのです。

4 「広告料は多く出すほどいい」というアドバイスには嘘がある

入居率を上げたいオーナーに対して、管理会社が「広告料は多く出すほど効果がある」とアドバイスすることがあります。

入居斡旋会社のモチベーションを上げるという意味では正しいように思えますが、これは真実ではありません。極端に条件が悪い物件の場合は、広告料を多く出す必要がありますが、ほとんどの物件は競合物件に対してわずかに多く出すだけで入居率が上がります。

競馬にたとえるなら「鼻差」で勝てば十分。競合の広告料が2か月分なら2・5か月分出せば入居斡旋会社の営業マンは優先的に入居希望者を紹介してくれるようになります。3か月、4か月分出す必要はありません。多すぎる広告料を確保するため、家賃を上げたりリフォーム代金を節約したりすることになれば、逆に入居率は下がってしまいます。

前述の通り広告料をこっそり中抜きしている管理会社はもともと誠実に業務を行う気持ちが希薄です。広告料が増えればより多く中抜きしやすくなるので、「とにかく広告料の値上げを」とアドバイスしがちです。

広告料を2か月にしても入居がつかなければ2・5か月に。それでもダメなら3か月にと上げていき、「3か月で入居が付いたので、今後はこれでいきましょう」というアバウトな決め方をする管理会社は要注意です。

5　費用対効果を考えていない

入居率は収益に直結する非常に大切な要素ですが、そのために使える予算には限りがあります。最小のコストで最大の効果を得られるよう、常に費用対効果を考えなければなりません。

ところが、多くの管理会社はコストパフォーマンスについての意識が低めです。自分の懐《ふところ》が痛むわけではないので、広告料を多く出したりコストをかけてリフォームしたりしてくれることを望みます。

空室を埋めるのは管理会社の責任ですから、入居率が低いとオーナーからのプレッシャーが高まります。より多くの入居斡旋会社を回ったり、連絡を密に取ったりと空室を埋めるために管理会社も奔走することになります。

広告料を増額したりリフォームで部屋を綺麗にしたりすれば、そういった労力をあまり使わずに入居率を上げられるので管理会社にとっては非常にありがたいことなのです。

費用対効果については、むしろ入居斡旋会社のほうが考えていることもあります。たとえば今まで広告料を0・5か月分出していた物件の入居率が下がってきたため、1・5か月分に増額したとします。

ほとんどの入居斡旋会社は増えた分をインセンティブとして受け取り、営業マンへのキックバックを増やします。それにより入居希望者を紹介する割合が増えるので、オーナーにとっても特に不都合なことではありません。

ただ、中には「広告料として増額していただいた家賃1か月分をフリーレントに使いましょう」と提案してくれる入居斡旋会社もあります。

入居斡旋会社が受け取るのではなく、入居者に還元するのです。

新居へ引っ越す時には、新しい家具や電化製品を購入するなど入居者も臨時出費が増えます。フリーレントで最初の1か月分の家賃が無料になれば、入居しやすくなるので物件の魅力が高まります。

入居斡旋会社にとってはその分受け取れる広告料が減りますが、入居が早く決まれば手間が省けるので「省時間と省労力」という利益が出ます。物件によってはオーナー、入居斡旋会社双方にとって費用対効果の高い手法です。

他にも「外壁塗装を綺麗にして見栄えをよくする」「インターネット無料などの人気サービスを導入する」など、入居率アップにつながる方法は多々あります。広告料にするつもりだった予算を他に回すことで、よりコストパフォーマンスの高い空室対策がとれるケースは少なくありません。

本来は管理会社、入居斡旋会社、オーナーが一緒になって考えるべきなのですが、現状は意思統一がされておらず、コストを適切に使うスキームはほとんど存在していません。

6　不当に安い家賃をアドバイスする

どんな物件も家賃を下げれば入居率は100％に近づきます。相場が8万円の物件を家賃

4万円で募集すれば、ほとんど満室経営が可能です。

実際、そこまで極端に引き下げなくても、家賃を2割下げれば空室率は大幅に改善します。家賃8万円相当の物件を6万4000円で出すだけで、空室はほぼなくなるでしょう。

相場に比べて家賃の安い物件は紹介すればすぐに入居が決まるので、手間がかからず入居斡旋会社にとっては扱いやすい物件です。管理会社にしても、家賃に対する比率で管理費を取っているにしても、空室が続いて管理費収入がないよりは、機会損失を抑えるほうがプラスに働く場合が多いでしょう。むしろ「空室を埋めろ」という家主からのプレッシャーが減るので、積極的に家賃の引き下げをアドバイスすることがあります。

ただ、家主にとっては話が違います。満室になりやすいとはいえ、家賃を2割も下げるとトータルの収支は大きくマイナスに傾きます。当初の投資計画自体が崩れ、デフォルトしてしまうリスクが高まります。

7　管理の悪さを広告料のせいにする

ここまで説明してきた通り、入居が付かないのは広告料が少ないせいばかりではありません。物件に魅力がないため入居希望者を連れてきてもいっこうに決まらない、というケースも多々見られます。

物件の魅力を保つのは基本的にはオーナーの仕事ですが、管理会社が責を負うべき部分もあります。

たとえば、掃除が行き届いていない物件は入居希望者に敬遠されてしまいます。見学に訪れた際、廊下にたばこの吸い殻が落ちていたりエントランスのガラスが汚れていたりしたら、他の条件が良くても魅力は半減します。

その他にも「共用部の蛍光灯が切れかけのまま放置してある」「廊下に私物を放置する住人を管理していない」などなど、見学時に物件が悪く見えてしまう管理上の問題は多々あります。

管理会社の中には、そういった不備を棚に上げて「広告料が少ないので入居率が上がらない」と報告してくる会社もあるので要注意です。

8 なぜ入居がないのか、情報が上がってこない

入居率を維持し高めるためには、オーナーと管理会社、入居斡旋会社が同じ方向を向いていることが大切です。

しかし実際には、ほとんどの場合が向いている方向がバラバラで、オーナー、管理会社、入居斡旋会社とも、自社の利益のことしか考えていません。そのため、オーナーは適切なアドバイスを受けることができず、本当に効果の高い空室対策を打てないのです。

現場でお客さんと接する入居斡旋会社の営業マンはなぜ入居率が上がらないのか、理由がわかっています。お客さんを案内した時に「何が気に入らないのか」を聴き取ることができるからです。

「セキュリティが心配」「近所にある幹線道路の騒音が気になる」「外観がもう少しおしゃれなら……」など、お客から上がる生の声は入居率を高める上で大きなヒントになります。

ところがそういった声は管理会社には伝えられず、オーナーにも聞こえてきません。なぜ入居者がつかないのか、入居希望者は何を望んでいるのか、情報が共有されていないのです。

入居斡旋会社の営業マンがわざわざ見学に連れて行くのですから、表面的なスペックは入居者の希望に合っているはずです。広さや家賃、部屋数、立地などに特に問題はないのです。

その上でセキュリティを心配する声が高いなら、テレビモニター付きインターホンやオートロックといった設備の導入が有効でしょう。騒音が気になるなら防音性の高いサッシに入れ替える、外観が気になるならそろそろ外壁の修繕を検討する……入居斡旋会社からの情報があれば入居率アップにつながる的確な対策を打つことができます。

そのことに気づいているオーナーの中には、入居斡旋会社と積極的に関わる人もいます。ただほとんどのオーナーはお客の声を集めることができず、手探りで空室対策を進めているのが現状です。

9 管理会社はアドバイスの根拠を示さない

空室が増えてくると、オーナーはまず管理会社に相談します。管理会社は前述したように広告料の引き上げやリフォーム、新しい設備やサービスの導入などをアドバイスしますが、その際に根拠となる資料を示すことはまれです。

広告料の引き上げをアドバイスするなら「なぜ物件の魅力を上げる対策ではなく広告料の値上げなのか？」「なぜ1か月分だったのを2・5か月分にするのが適切なのか」といった理由があるはずです。

不動産業界以外のほとんどの産業では、何かを提案する際には根拠となるエビデンスを示すのが常識です。

広告料の引き上げを提案するのであれば、競合する物件を挙げ、それぞれの家賃はもちろん、広告料や礼金、敷金などの条件を示して比較する必要があります。その上で、「以上のような根拠から広告料を2・5か月分に引き上げることが有効」とアドバイスするのが一般的なビジネスのスタイルでしょう。

残念ながら不動産の世界にはまだまだ、そういったビジネスの常識は普及していません。曖昧な経験や感覚、あるいは管理会社の損得に基づいてアドバイスされることが多いのです。

10　インターネット全盛の時代に対応できていない

入居希望者が賃貸物件を探す情報源として、近年もっとも多く利用されているのはインターネットです。8割を超える人がネットを情報源としており、中でも最近ではスマートフォン用のアプリやサイトを利用する人が急増しています。

条件を入力すればマッチする物件だけが瞬時に表示されるので、物件探しには非常に便利です。入居斡旋会社をまず訪問する人やフリーペーパー、パンフレットを情報源とする人が減る一方、今後も増加すると考えるべきでしょう。

インターネット情報を見てやってくる最近の入居希望者は、入居斡旋会社が「これはすごくいい物件です」と推しても簡単には納得しません。事前にさまざまな物件のスペックを見ているため、以前に比べて営業マンのトークに流されるお客は大幅に減っています。

時代に合わせてインターネットを利用した集客を行うべきなのですが、大半の管理会社や入居斡旋会社はまだまだインターネットの持つ利点を活かしきれていません。

インターネットでの物件紹介では、画像や動画を簡単に添付できます。ペーパーの場合は紙面に限りがあり、情報を増やすとそれだけ印刷費用などがかさみました。インターネットならそういったコストを考えずに詳細な情報を載せることが可能です。

さらに動画を使えばよりリアルに物件の中や周囲の環境などを紹介することもできるので、入居希望者が物件のことをより詳細に理解しやすくなります。

インターネットの優位性を理解している入居斡旋会社では、多めに得た広告料をそういった資料作りに費やすところも現れています。また管理会社によっては、物件ごとにホームページを作るなど積極的にインターネットを利用するケースもあります。

ただ誰がどのようなものを作って入居希望者にアピールするのがよいのか、まだ定まったスキームはなく、バラバラに試行錯誤を繰り返しているというのが不動産業界の実態です。

11　地域による違いを認識していない管理会社がある

賃貸住宅の事情は、地域によって大きく異なります。敷金、礼金、保証金など初期費用のシステムも違い、東京では敷金と礼金を大阪では保証金を取るのが一般的でした。

近年はさらに需給バランスの違いにより、もともと異なる初期費用の事情に大きな差異が見られるようになってきました。

全国的には需要が減少する一方で供給が増加しており、賃貸住宅市場は借り手市場となっています。そのため敷金や礼金、保証金を取ることができず、広告料も高騰する傾向が見られます。

一方、賃貸市場が落ち込むその他地域とは違って、東京だけは近年も毎年60万人というハイペースで人口が増加しています。そのため賃貸市場が安定しているので敷金や礼金をしっかり受け取り、広告料も少額ですみます。オーナーにとって東京は今も、賃貸物件の経営が比較的容易なエリアです。

地域によるこのような違いを認識していないと、投資に失敗するリスクが高まります。

東京の事業者が大阪の物件を購入した場合、広告料を多めに出さないと入居付けをしてもらえないことを知らないかもしれません。もちろん、その逆もあります。東京以外の地域で不動産投資を行ってきた投資家が東京の物件を購入した場合には、広告料を過剰に出してしまうことも考えられます。

いずれの場合も管理会社が地域差に馴染んでいないことに気づいてアドバイスをすれば問題ありませんが、オーナーのほうを向いていない管理会社では気づかずスルーしてしまうケースもあります。

12 斡旋・管理一体は入退去の回転を促すことも

ここまで解説してきた通り、入居付けにあたってオーナーは多額のコストを負担しています。入居者を1人新たに迎えると、かつては敷金や礼金、保証金で黒字が出ましたが、最近では一部の物件以外では大きな赤字が出てしまいます。

そのためある程度の期間、入居者が住み続けてくれなければ出費分を回収することができません。入退去の回転が速いとオーナーが疲弊していく時代なのです。

回転を抑えるため、最近では賃貸契約書に「1年以内に転居する時には違約金が発生する」といった条項を付記することが増えています。管理のみを行う管理会社にとっても、空室が出ればまたオーナーから入居付けをせっつかれることになります。短期での退居は抑えたいので「違約金」の条項を積極的に盛り込もうとします。

ところが、斡旋・管理一体の会社にとっては入退去の回転は大歓迎です。入居者が入れ替わる時には広告料がもらえ、リフォームを手配する代金ももらえるからです。入退居時に発生する利益を狙って、契約書にわざと違約金のことを入れず回転を促しているケースも見られます。

13 「仲介手数料無料」の原資はオーナーの財布

賃貸不動産の市場が冷え込む中、最近では入居者向けのサービス競争が激化しています。中でも増えているのが「仲介手数料無料」の物件です。

これまで、入居者は入居斡旋会社に仲介手数料を支払うのが当たり前でした。法律で上限とされている家賃1か月分というのが全国的な定額とされていましたが、その後割り引く会社が現れ、最近では0・5か月分としている入居斡旋会社も少なくありません。

さらに、物件によっては「仲介手数料無料」とうたうものもあります。入居者にとっては敷金・礼金などを0円とする物件が増える中、仲介手数料も無料なら初期費用を大幅に抑えることができるため、非常に魅力の大きな条件です。

ところが、オーナーにとっては「仲介手数料無料」は痛みを伴うサービスです。一見すると「仲介手数料0・5か月分」と同じく入居斡旋会社のサービスのように思えますが、「無料」の場合にはオーナーがその分を肩代わりすることになるためです。

本来入居者が支払っていた仲介手数料をオーナーが支払うのが、この「仲介手数料無料」なのです。

自分の懐を痛めることなく物件の決定力が上がるため、管理会社や入居斡旋会社が安易に提案してくることがあります。

第5章　サブリース・管理サービスの不都合な真実

物件経営を請け負う管理会社は信頼できるか?

不動産投資のスタイルは、以前とはかなり変わってきています。その昔は、収益物件を保有するオーナーは管理まで自分でこなすのが当たり前でした。借り主と直に接して声を聴き、家賃もオーナー自身が借り主から徴収していたのです。

最近では自身で管理を手がけるオーナーは激減し、建物の維持管理や入居者対応、集金などを管理会社に任せるのが一般的な不動産投資のスタイルになっています。

加えてさらに、オーナーから建物を借り上げて家賃を保証するサブリースも盛んになってきました。

資金面のハードルが下がってサラリーマンでも手がけられるようになったのと同時に、手間という面でも不動産投資のハードルは大きく下がっているのです。

いいことずくめのように思えますが、注意すべきポイントもあります。物件の運営を請け負う管理会社は、必ずしもオーナーの利益を第一に考えてはいないということです。

この点を意識してしっかりチェックしていないと「プロに任せたはずが、知らない間に収支計画が狂っていた」ということにもなりかねません。

1　サブリースで収益は保証されない

サブリース（sublease）という言葉を辞書で引くと、「又貸し」「転貸」と記載されています。不動産におけるサブリースはまさにその言葉の通り、オーナーが所有する物件をサブリース会社が借り上げ、借り主に貸し出す仕組みです。

借り主はサブリース会社に賃料を支払い、サブリース会社はオーナーに賃料を支払います。借り主から受け取る賃料とオーナーに支払う賃料の差額が、サブリース会社の利益です。

オーナーにとっては、管理などの手間が一切かからないというメリットがあります。

物件の運営を管理会社に任せていても、通常の契約ではオーナーには「さまざまな判断を下す」という仕事が残されています。家賃の設定や設備の導入、修繕やリフォームなどについても、適切に判断して決断する必要があったのです。不動産投資になじみがないサラリーマンオーナーなどにとっては、負担の大きい業務です。

サブリースの場合には一般の管理契約とは違い、経営に関わる判断の大半も物件を借り上げた会社がしてくれます。不慣れなオーナーや経営の手間を極力省きたいオーナーにとっては、非常に利便性の高いサービスです。

さらにサブリース会社では、たとえ物件に空室が発生しても契約した通りの賃料を支払う「空室保証」をうたっているので、オーナーは空室リスクを回避することができます。

保有する投資用不動産の空室が増えれば、家賃収入が減少します。空室のせいで収支がマイナスに落ち込み、ローン返済が滞るケースは珍しくありません。入居率にかかわらず一定の賃料が入るサブリースなら安心して不動産投資ができそうに見えます。

ところが、このサブリースには大きな落とし穴があります。サブリース会社の宣伝では「30年間家賃保証」などとうたっていますが、そんなことは事実上不可能です。

30年という長いスパンでは社会情勢も変わりますし、物件があるエリアの事情も変わるでしょう。需給がどう変化するかわかりませんから、一定の賃料を30年間も支払い続ける保証などできるはずがないのです。

そのため、サブリースの契約では賃料について必ず「2年ごとに見直す」などという条項

図表6　サブリース契約の家賃とオーナーの収入

【刈上荘】
戸　数：12戸
家賃相場：10万円程度
ローン返済：60万円

契約締結時
契約家賃：８万円／月
収　入：８万円×12戸×80%
＝76万,8000円

10年後
契約家賃：６万円／月
収　入：６万円×12戸×80%
＝57万6,000円

赤字転落

が盛り込まれています。

たとえば家賃８万円で契約すれば、当初の24か月は８万円で維持されます。しかしながらその後は賃料の見直しがあるため、７万円、６万円とどんどん下がっていくこともあり得ます。

空室が増えて物件から上がる賃料が減った場合には、サブリース会社は家賃とオーナーに支払う賃料を並べて見直す（引き下げる）ことで利益を確保することができます。一方オーナーにとっては空室が増えれば収入が減るのですから、ほとんど保証されていないに等しく、サブリースを導入しても空室リスクはあるのです。ですから、サブリースの査定時には自分で収益のシミュレーションをしてみて、そのサブリース契約の条件と数値を比較する必要があるのです。

2　家賃設定が低めな上に、敷金・礼金が受け取れず免責期間も

サブリース契約でオーナーに支払われる賃料は、家賃の8～9割程度とされています。満室の賃料収入を基に計算しているため、なるべく空室が出ないようサブリース会社は物件の賃料を相場より低めに設定します。

サブリース会社自体は多少家賃が低くなっても、一定割合を抜いているので利益は確保できるのです。

また敷金や礼金、保証金もほとんどのケースでサブリース会社が受け取ってしまい、オーナーの手元には入りません。

さらに入居者が退居した後の一定期間は入居者募集を行う必要があるため、空室の家賃を保証しない「免責期間」とされています。免責期間は通常2か月もしくは3か月ですが、中には180日という長期に設定されていることもあるので注意が必要です。

たとえば家賃8万円（うちオーナーへの支払い7万円）、免責期間3か月というサブリース契約を結んだ物件で退居があったとします。1か月後に入居が決まっても、オーナーに対

しては3か月分の支払いが免除されます。1年の間に1度退居があっただけで、オーナーは自動的に年間収入の25％を失ってしまうことになります。

3　サブリース契約は、工賃でカモにされることもある

サブリース契約では修繕やリフォームについてもサブリース会社が決定権を持つ上、費用はオーナーの負担です。サブリース会社の修繕・リフォーム要請を断ると契約解除というペナルティを科されることがあります。

通常なら、修繕やリフォームはオーナーが時期や規模を決めるものです。収益を維持・向上するために、オーナーは「いくらかけて何をすると、どのくらい家賃の維持や入居率アップにつながるのか」と慎重にコストを見積ります。

しかし、修繕やリフォームの工事に際しては、サブリース会社の関連会社や指定業者が請け負うことも多く、工事費やリベートなどが入るという好ましくない状況が生まれる場合もないとは言えません。

サブリースの場合は、こうした点に注意する必要があります。

また、サブリース契約が結ばれるのは主に新築の物件です。相続税対策として建てられるものも多く、オーナーは賃貸物件を経営するノウハウがないため、簡単に利益が上げられるものと考えて、サブリース契約を結びます。

もともと土地を持っている地主の場合は、土地代を入れずに利回りを計算するので、表面上は十分に高い利回りが出ます。

しかし、30年のうちに賃料は「見直し」によって大きく変わりますから、最初にかかった建築費と本来上がったはずの家賃、不要な修繕やリフォームの代金など、すべての金額を計算して、慎重に検討する必要があります。場合によっては、一時的に相続税を節税できた分以上の損失が出ることもあります。

4　管理会社ごとに得手不得手があることが理解されていない

管理会社にも、得手不得手があります。入居付けに強い会社もあれば、管理能力の高い会社、集金に強い会社、メンテナンスが得意な会社など特徴はさまざまです。

オーナーにとって入居付けや集金は収入の確保につながります。管理能力はトラブル予防に関係しますし、メンテナンスは支出の抑制に影響します。

管理会社の特徴を知っていれば、物件ごとのニーズに合う管理会社を選んで効率的な経営を行うことができます。たとえば物件の近隣に競合が多く空室が心配なら、客付けに強い管理会社が良いでしょう。しかし駅近など立地がよい物件なら、客付けをそれほど重視する必要はありません。

物件が古い場合にはメンテナンスに強い管理会社を利用することで、頻繁に発生する修繕やリフォームのコストを抑えることが可能です。修繕やリフォームの費用は、どんな工務店を選ぶかによって驚くほど違います。メンテナンスに強い管理会社はコストパフォーマンスの高い工務店と付き合いがあるので、安価で質のいいメンテナンスができるのです。

ビルメンテナンスに強い管理会社と弱い管理会社では、コストが2倍以上も違うことがあるので、注意する必要があります。

5　オーナーからは管理会社の特徴が見えにくい

管理会社が「集金が得意」とうたうと、「当たり前のこと」と考えるオーナーは少なくありません。

もともと、家賃の集金は管理会社の仕事です。集金しやすいよう入居者審査も行いますが、近年は滞納するケースが増えており、スムーズな集金は当たり前のことではなくなってきています。

２０１３年には国民生活センターが「家賃の滞納が増えている」と発表。所得が低い年金暮らしの高齢者や、派遣労働など不安定な職に就く人の増加がその背景にあると分析しています。今後も高齢化が進み正社員の割合が減少する中、家賃の滞納は増加することが予想されます。

家賃滞納の対策で基本となるのは、密な接触をすることです。滞納者が昼間なかなか家にいない場合も、何度も訪問を繰り返すなどの努力によってなんとか顔を合わせて話をする機会を作ります。

顔を合わせて支払いの督促をしたり、滞納が大きな額になったりしている場合には分割での支払い計画を一緒に立てることで、滞納家賃の回収率は大きく高まります。

ちなみに、経済的に困窮している滞納者は夜９時以降になると在宅していることが多めです。これは、金融業者は貸金業法で夜９時以降の訪問が禁止されているためです。

家賃の集金も貸金業法の守備範囲内として対応するのが「通例」ですので、夜９時以降に訪問するのは避けるべきです。

滞納者を訪問して話し合いをするのは、骨が折れる仕事です。多くの管理会社以外は電話や文書による督促をするだけで、オーナーに対しては「とりあえず、やるべきことはやっています」という姿勢を示してお茶を濁そうとします。家賃を滞納されて懐が痛むのはオーナーであり、管理会社は特にダメージを受けないためです。

得意不得意に加えて、やる気の面でも管理会社ごと、あるいは担当者ごとに大きな違いがあるのです。

ホームページなどで「我が社はこれが得意！」とうたっている場合も、そういったノウハウや人脈を持っているのはトップだけというケースが少なくありません。オーナーにとっては、管理会社の実力を測る手立てがあまりないのです。

6 オーナーは管理会社を適当に選んでしまう

大半のオーナーは管理会社を選ぶ際、詳細に検討していないと思います。というより、管理会社の力を測るのは難しいのが実際でしょう。

前述した通り、管理会社ごとに違いがあるので、管理会社の選択によって収益が大きく変わってきます。ですから、物件の状況や希望する事柄によって選ぶべきなのですが、そのことを理解して意識しているオーナーはまだまだ少数派です。

ほとんどのオーナーは多少不満があっても、それまでお付き合いのある管理会社を選びます。

しかし、管理を任せている中でも能力や仕事ぶりのチェックは必要です。物件は適正に管理されているか、トラブルは起きていないか、集金漏れはないかなど管理会社の業務をチェックしておくことで、収益の最大化につながる管理ができる会社かどうかを検証することができます。なるべく付き合いのある管理会社だけでもよくコミュニケーションを取ることで特徴を見極める必要があります。

7　修繕計画なき物件はキャッシュに気をつけなければいけない

形あるものはいつか壊れます。投資用不動産も歳月を経るごとに老朽化しますから、損壊や故障のリスクが高まります。中でも雨漏りや配管の損壊、エレベーターの故障などはすぐに対応する必要があります。

こうした問題は後回しにはできないので、修繕のために大きなコスト負担が発生することになります。

修繕時に必要となる、まとまったキャッシュを積み立てておいたり、建物の老朽化を見越して、一定の期間ごとに修繕する計画をあらかじめ立てておくこともできます。分譲マンションでは「長期修繕計画」を立てることが義務づけられており、区分所有者がそのための積み立てを行っています。

気をつけておきたいのは、大規模修繕が必要になった時には、大きなコストをかけて修繕を行えば、その分一時的にキャッシュフローが悪化するということです。そのため、不動産投資ではある程度、手元資金に余裕を持っておくのがベストです。

配管などは特に修繕費用が高く、築15年を過ぎたら、いつ損壊してもおかしくはない、くらいに考えるべきでしょう。その他にもエレベーターや、機械式車庫などは特に費用がかかるので、十分注意する必要があります。

こうしたリスクに備えるには「瑕疵担保保険」という非常に心強いものがあります。この保険に加入すると、購入から一定期間（1年または5年）の間に、建物の基本構造部分などに瑕疵が見つかった場合には、保険金により修繕費用をカバーできます。

保険の対象となるのは、基礎等の構造耐力上主要な部分や外壁、屋根等の雨水の浸入に関わる部分となります。屋根の雨漏りや壁のクラックによる雨水の浸入は修繕に数百万円単位の費用がかかることがあるため、保険によるカバーは経営の安定につながります。

また特約事項を付け加えることで、特に大きな修繕費用を要する給排水管の不具合を保険の対象に含めることも可能です。

保険加入に際しては検査事業者が物件を検査するため、安心感を担保する上では非常に価値の高い保険と言えます。保険料は延床面積に応じて決まりますが、検査料を含めても物件価格の数％程度にとどまります。

この既存住宅瑕疵保険はまだあまり知られていないこともあり、購入者に加入をアドバイスしてくれる不動産仲介事業者はほとんどいないのが現状です。

8　管理会社の修繕の勧めには冷静な判断が必要

ただし、やみくもな修繕はお勧めできません。管理会社によっては、長期的な見通しのない修繕を勧める場合もあるので、やはり注意が必要です。

たとえば、物件の見栄えが悪くなったことを気にするオーナーが「そろそろ外壁を修繕しようか」などと言い出したとしましょう。しかし、ここで大事なことは費用対効果です。見積もりでは、外壁塗装にかかる費用は1000万円。確かに修繕によって物件の魅力は高まりますが、この1000万円は必要経費かどうか、長期的な経営視点で判断を下す必要があります。

良心的な管理会社なら、競合物件などと比較した上で「この地域の周辺物件もこんな感じですから、まだ修繕しなくても大丈夫ですよ」とアドバイスしてくれるところもあるでしょう。

あるいは「空室が気になるのであれば、修繕費用の一部を広告料に回すと効果があります」といった助言を付け加えるかもしれません。

9　修繕計画を受け入れるオーナーがほとんどいない

投資用不動産の修繕が行き当たりばったりになることについては、オーナーの側にも責任があります。管理会社が修繕計画を立てて適切なアドバイスをしないのは、受け入れてくれるオーナーが非常に少ないためです。

ほとんどのオーナーは、イレギュラーな出費を嫌います。問題がないなら、予防的に修繕をすることはありません。エレベーターなどは法令で決まっているので、一定のサイクルでメンテナンスや修繕を行いますが、それ以外の部位については「壊れてから修繕」が基本です。

築10年の中古物件を購入し20年後に売却するという投資計画なら、物件を保有している間に大きな不具合が発生するリスクはそれほど高くありません。「問題が起きないなら修繕しない」という姿勢が、利益の最大化という面から見ると正しい場合もあります。ただし修繕しないことで黒字が最大化する収支計画は、もし大きなトラブルが発生したら一気に吹き飛びます。

中古物件を購入した時点で、そこまでにどれだけの修繕が行われてきたかはわかります。築古なのに築後ほとんど何も修繕されてこなかった物件もあれば、こまめに手を入れてきた物件もあり、修繕のリスクは個別に判断する必要があります。

購入した物件がもし前者であれば、リスクが高いものと考えるべきでしょう。

インターホンが五月雨《さみだれ》的に壊れるようになり、給湯器の故障が相次ぐなどの状況なら、一気に入れ替えたほうが中期的なコストを抑えられるかもしれません。

オーナー自身でその計算をするのは困難ですが、優良な管理会社ならリスクを把握しコスト負担と照らしながらアドバイスを送ることが可能です。「1000万円必要ですが、中期的にはそのほうがコスト負担は減ります」などの試算を示すことができるのです。

ただ現状では、ほとんどのオーナーが「それはわかるが、なんとか30万円で2年もたせてくれ」といった回答をしがちです。論理ではなく、「とにかく今、お金が出ていくのは嫌」という感覚が先立ってしまうのでしょう。

第1章で紹介した通り、理論的な判断ができなければ不動産投資は失敗する確率が大きく高まります。

10 「売るのなら修繕」を実行できるオーナーは少ない

保有物件の築年数がかさみ、細かなリフォームや修繕が重なるようになると、オーナーも大規模な修繕のことを意識し始めます。1000万円単位の修繕をすべきかどうかは収支に大きく影響するので悩ましい選択です。

投資用不動産を長く扱ってきた経験を持つ管理会社なら「売却を考える場合は修繕をすべ

き」というアドバイスができます。

外壁塗装が剝がれていたり金属の手すりがさび付いていたりする状態では、見栄えが悪いため、立地などがよく価値の高い物件でも人気が出ません。500万円かけて売り値が1000万円上がるなら、是非とも修繕をすべきでしょう。うまく修繕すれば、大きな値上がりが望めるケースは多々見られます。

買い手の立場からすると、売り手が綺麗に修繕してくれた物件は「大規模修繕のリスクを収益シミュレーションから外せる」という大きなメリットがあります。

さらに経営のしやすさをポイントに考えても、売り手が修繕した上でかかったコスト分を上乗せしてくれたほうが買い手にとっては効率のよい買い物となります。売り値が高くなった分については、銀行からの借り入れを増やすことが可能になるためです。

修繕なしで売り値1億円の物件を500万円かけて修繕し、1億1000万円で売ってくれれば1億1000万円の事業用ローンを組むことができます。同じ物件をそのまま購入し、買い手が500万円分の修繕をしたほうが一見お得なように見えますが、修繕費用を賄うために、購入費用とは別にリフォームローンを組む必要があります。

リフォームローンは、返済の年数が短く金利が高めです。単純に総額を比較すれば、それでも「修繕なし」のほうが買い手のコストは少なくなりますが、リフォームローンを返済するまでは月々の支払いが多くなり経営を圧迫しがちです。

売却するなら、その前に修繕をしたほうが売り手にとっても買い手にとってもメリットが大きいのです。ところが残念ながら管理会社がオーナーにアドバイスしても、「それなら修繕しよう」と賛成してもらえることはあまり多くありません。

11　オーナーと管理会社は決算情報を共有できていない

大きなコストが必要な修繕は、裏返すと大きな節税のチャンスでもあります。たとえば本業で多額の利益が出そうなタイミングで大きな修繕を行ったり、太陽光発電など減価償却の多い設備を導入したりすれば、利益と相殺することが可能です。

物件の売却や購入といったさらに大きな資金を動かす際には、本業の状況とリンクさせれば非常に有利な節税ができ、キャッシュフローを適切に保てます。

オーナーが決算書を閲覧させてくれれば、管理会社は適切な時期に適切な規模の修繕やリフォームの提案をすることができます。売却のタイミングやその前にやっておくべき修繕についても、アドバイスが可能です。さらには購入する際にローンの組み方について助言するなど、オーナーにとって有益な不動産についてのさまざまな提案や助言をすることができるのです。

オーナーが管理会社に決算書を見せたがらない理由はさまざまです。そこまで信頼できないといった声もありますが、もっともよく耳にするのは「値切れなくなる」という本音です。本業で利益が出ていることがわかると、管理会社からリフォーム代を過大に請求されたり、管理料の値上げを求められたりするのではないかという不安をオーナーの多くが持っています。

12　決算書をイメージできる管理会社が少ない

オーナーと財務の知識を持つ管理会社が信頼関係で結ばれれば、前項のような効率的投資が可能ですが、管理会社の能力には大きな差があります。

特に「決算書をイメージする力」は、同じ管理会社でも社員によって異なります。オーナーが出した決算書を読んで、さらに決算書を良くする方法や融資条件が良くなる決算書をイメージすることは簡単ではありません。

今期だけでなく来期や数年先の決算までを予想して、修繕やリフォーム、物件売買についてアドバイスするには、豊富な知識と経験が求められます。

未来を見据えたイメージ作りが可能なら、オーナーをより力強くサポートしながら管理会社自体も無駄のない効率的な管理ができるようになります。

「今期以降は利益がかなり出そうですから、修繕コストをかけて物件の長期的な収益力を補強しておきましょう」

「来期は本業でも設備投資があってキャッシュフローが厳しそうですから、この物件の借り換えを行ってキャッシュフローを改善しましょう」など、非常に具体的なアドバイスができるのです。

さらには、キャッシュフローが逼迫する年に大規模修繕や設備の入れ替えの見積もりを立てたりせずにすみます。管理会社にとっても無駄を省き、効率的に業務を行えるというメリットにつながるのです。

ただ現状では、オーナーの信頼を得てお互いにとって効率の高い投資ができている管理会社はまだまだ希少と言えます。

13　新しいパートナー関係をイメージする管理会社がまだまだ少ない

もともと、管理会社の守備範囲は投資用不動産の管理運営に限られていました。１棟ごとにオーナーと契約を結び、集金などの入居者対応と清掃やメンテナンスなど物件の維持管理を行うのが管理会社だったのです。

近年は不動産投資を巡る状況が変わる中、期待される業務の内容が変わりつつあります。不動産投資の持つ金融的な側面は複雑になり、繊細な舵取りなしでは失敗する危険性が高まってきました。管理会社に対しても、従前から提供されてきたサービス業としての業務に加え、金融的な面においても専門的な知識や判断が求められるようになっているのです。

リスクと利益のバランスをどうとりたいのか？　将来的にはどんな資産形成を望むのか？　オーナーの希望をくみ取り、同じ目的に向かって進むパートナーになれる管理会社が最近では理想とされており、投資顧問としての性格を持つ管理会社が増えています。

今後はさらに進んで、オーナーの不動産投資全般をカバーするプロパティマネジメントを担うのが管理会社の理想です。

ところがその一方、「守備範囲は入居者対応と建物の維持管理だけ」という考えを変えられない管理会社もまだまだ数多くあり、新しい管理会社との違いはだんだん大きくなっています。

たとえば設備が古くなったら、従前からの管理会社は「修繕しよう」あるいは「新しく入れ替えなければ」と考えるだけです。建物の維持管理という面からのみ判断すれば、正しい選択でしょう。

プロパティマネジメントを手がける管理会社にとっては、オーナーの指示に従って修繕や入れ替えをすることは仕事の一部にすぎません。本当に収益につながる修繕や入れ替えなのか？　適した時期はいつで、投資効率がもっとも高い規模はどのようなものなのか？　さまざまなことを考え合わせて精密な答えを出し、実行できるのが新しい管理会社の特徴と言えます。

不動産投資で収益を上げることが難しくなる中、緻密なパートナーになれる管理会社の存在意義はとても大きいのですが、まだまだオーナーとの新しい関係をイメージする管理会社は少数派にとどまっています。

第6章　税金対策の不都合な真実

不動産投資の税務は複雑で嘘が多い

「不動産投資は節税になる」とよく宣伝されています。投資用不動産を購入すれば、簡単に利益を確保した上で、損益通算により本業も含めた税金の圧縮ができると言うのです。

相続税対策が有名でしたが、最近ではサラリーマンに新築区分マンションを販売する際にも、所得税の減税になると説明されているケースが見られます。

しかしながら実際には、不動産投資による節税効果はかなり限定されたものです。「現金での物件購入が条件」など特定の条件下で期待できるものであり、融資を使って物件を購入しインカムやキャピタルゲインで確実に利益を出す「普通の不動産投資」では、節税はほぼ不可能です。

不動産投資の税務については、その他にも「法人化が有効」との声もよく聞こえてきます。個人がいいのか法人がいいのかは、さまざまな条件によって異なってくるので、これも一概に肯定できる考えではありません。

不動産投資の税務はこのように非常に複雑なので、税理士に任せる人がほとんどでしょう。

ただ、税理士の中には不動産の税務に精通していない人が意外に多く見受けられます。本来はもっと節税できる状況でありながら、適切な対策がとられていないケースは珍しくありません。

税金対策でも、不動産には不都合な真実が多々潜んでいるのです。

1　売却益への課税は必ずしも法人がお得ではない

不動産投資では、物件の売却により大きな利益が出ることがあります。この売却益への課税は、個人と法人で課税方法が大きく異なります。個人の場合には売却益を一般の所得とは分けて考え、取得から売却までの期間によって税率が違います。

取得してから5年以内に売却した場合の売却益は「短期譲渡所得」とされ、税率は39%[※1]（所得税30%[※2]＋住民税9%）。5年を超えて売却する場合には「長期譲渡所得」とされ、税率は20%（所得税15%[※2]＋住民税5%）となります。

一方、法人が得た売却益はその他の所得とひとまとめにして課税されます。

5年以内に物件を売却するのであれば、法人であるほうが税率は低く、5年を超えて売却する場合には個人のほうが税率は低くなるのです。

※1　国などに対する譲渡を除く。

※2　平成25年から平成49年までは、復興特別所得税として各年分の基準所得税額の2・1%を所得税と併せて申告・納付が必要。

2　個人は損失の繰り越し期間が短い

利益が出るものと想定する人が多い中であまり注目されませんが、損失の繰り越しは法人と個人で大きく異なる事柄の一つです。

不動産投資では、ある年に大きな損失が発生することもあります。課税所得を計算する際には収入から必要経費を差し引きますが、収入より必要経費のほうが大きければ、その赤字（損失）の金額を翌年、さらに翌年と繰り越すことができます。

税法では、個人が損失を繰り越せる年数は3年と規定されています。たとえば「配管が壊れて修繕に2000万円かかったが、単年あたりの利益は600万円程度しかない」というケースでは、600万円×3年＝1800万円が計上できる損失となります。

法人の場合は、9年にわたって繰り越すことが可能です。例のようなケースでも2000万円の損失をすべて計上できるため、税務的にはかなり有利です。

3　融資と税務を絡めたアドバイスがされていない

税務を考える時には、融資と絡めて検討したほうが不動産投資の効率が高まります。たとえば個人と法人で異なる減価償却の自由度を利用すれば、より有利に融資を受けられることがあります。

個人事業主の減価償却は年間に経費として計上する金額が定められており、状況に応じて変えることができません。1億円で購入した物件（建物5000万円・土地5000万円）の減価償却が年間500万円と定められたら、収入にかかわりなく毎年500万円を計上するしかありません。

　これに対して法人は一定の範囲内であれば、ある年度にいくら償却するか自由に決めることができます。同じく1億円の物件を償却する場合、上限が1000万円と定められたら、ある年には満額の1000万円を計上し、別の年には200万円だけ計上するといった調整が可能なのです。

　不動産投資業とは別に本業を持つオーナーの場合には、本業の利益が大きい年には大きな額を計上し、利益があまり出ない年には少額だけ計上するといった調整をしてキャッシュフローのバランスをとるケースがよく見られます。

　ただ、本来はこれに加えて「融資」に着目した計上を管理会社などがアドバイスすべきでしょう。新規に物件を買い足したい時には、直前の償却を抑えて利益を大きく見せることを検討してみるのです。金融機関によいイメージを与えることができれば、与信において有利になる可能性があります。

　一般に銀行は個人より法人に対する信用度が高く、資金を多めに融資してくれます。資産状況がガラス張りでよく見え、リスクの判断がしやすいためです。

個人の場合、借金は把握できますし、税務申告を見れば所得は把握できますが、一般的に貸借対照表がないため、財産の増減がわかりません。１億円あった資産が、ある年度にいきなり５０００万円に減っていても表に出てくる書類からは見抜くことが困難です。

法人であれば損益計算書に加えて貸借対照表があるため、財産の流れが見えます。銀行にとっては安心できるのでよりよい条件で融資しやすいのです。

４　保険料や人件費などへの注目度が低い

個人と法人では、保険料や人件費の扱いがまったく違います。

個人の場合は保険料の控除に限度額が設けられており、限度額以上の保険料を支払っていても上限までしか控除することができません。

一方、法人は保険料をすべて経費として控除することが可能なケースがあります。個人で事業を行っている人は収入の保証がないため、保険を多めにかけている人が少なくありません。保険料を全額控除できるという利点は、生活の安定という面でも大きな意味があります。

法人についてはさらに「人件費を計上しやすい」というメリットも要注目です。

個人でも青色申告をしている事業者であれば家族などを「専従者」として登録し、給与を支払うことができます。ただし「他に仕事がある家族は専従者にできない」「1円でも給与を支払えば扶養控除がなくなる」などの制限があり節税効果は限定的です。

法人が家族を従業員とする場合には、そういった規制はありません。そのため妻や子供を役員として登記し、まとまった額の役員報酬を支払うことが可能です。報酬は経費として計上できるので、課税所得の大きな圧縮につながります。

個人が有利か法人化すべきか検討する時には、保険料や人件費といった事柄についてももっと注目して、税理士と一緒に詳細なシミュレーションをしてみるべきでしょう。

5　新築ワンルームマンションでは節税できない

新築ワンルームマンションを区分所有して賃貸業を始めるよう勧める事業者が増えています。価格が安く、若い会社員などでも手軽に購入できるのが特徴です。

ノウハウがないサラリーマンが経営するのは難しいので、多くの場合はサブリース契約とセットになっています。サブリースは第5章で解説した通り、利益を出すのが困難です。ローンの返済が終わるまではインカムはほとんど赤字になります。

そのため勧誘する事業者がうたうのが、マンションを区分所有することによる「節税効果」です。本業の収入と損益通算することで、マンションのマイナスが所得税・住民税の節税効果をもたらすというのです。マンションが赤字なら本業と損益通算した課税所得が減少するので、一定の節税効果が生まれます。

ところがこういったワンルームマンションのほとんどは、相場に比べて高額で販売されています。そのため値下がりが激しいのが特徴です。新築時に１８００万円で購入した物件が5年後に１０００万円、20年後に５００万円と急激に値を落とすことは珍しくありません。

30年ローンなど返済期間の長い融資を受けていると、残債はなかなか減りません。購入から5年経っても、元金の返済は２００万円程度です。ローン１８００万円のうち、１６００万円が負債として残っていることになります。

この状況では売却したくても売ることができません。中古物件としての相場価格である１

図表7　ワンルームマンションの節税効果

（現状）	（５年後）
物件価格：1,800万円	物件価格：1,000万円
ローン支払い：91万円（年間）	残債：1,600万円
※30年ローン　金利3%	負債：－600万円
インカムゲイン：－40万円	インカムゲイン：－200万円
節税効果：12万円	節税効果：60万円
	トータル収支：－740万円

０００万円で売却しても、負債が６００万円残るためです。まず６００万円の追い金を用意しないと、投資を手じまいすることもできません。

節税という言葉に釣られて始めた投資のために、節税分を大きく上回る負債を抱えて立ち往生することになるのです。

６　黒字不動産ではインカムの節税もできない

黒字の不動産投資はインカムの節税にもつながりません。減価償却分は利益から差し引くことができますが、ローン返済のうち経費として計上できるのは利息分だけで、元金の返済分は計上できません。

赤字経営にすれば本業の課税所得を減らして節税

することも可能ですが、それでは本末転倒でしょう。利益を上げると課税されるのは当然と言えます。

ただし、ローンを使わず自己資金で物件を購入した場合は事情が異なります。減価償却分がそのままキャッシュフローに影響するため、減税効果が生まれます。

図表8は、物件価格1億円（土地5０００万円・建物5０００万円）の投資用不動産を購入した場合のキャッシュフローと税務上の損益を比較したものです。このケースでは減価償却を20年としていますので、1年あたりの減価償却は２５０万円になります。

ローンを利用した場合はキャッシュフローから元本返済分の５００万円が消えるのに対して、税務上の損益ではその分が差し引かれず減価償却分が消えます。減価償却分のほうが小さいため税務上の損益のほうが大きくなり、節税効果は見られません。

現金購入の場合には元本の返済がない分、キャッシュフローのほうが大きくなるので、節税効果が生まれていることがわかります。

図表8　キャッシュフローと税務上の損益

●ローンを利用して購入する場合

（単位：万円）

	キャッシュフロー	税務上の損益
家賃収入	1,200	1,200
経費	−200	−200
元本返済	−500	0
利息の支払い	−300	−300
減価償却費	0	−250
合計	**200**	**450**

●現金購入の場合

（単位：万円）

	キャッシュフロー	税務上の損益
家賃収入	1,200	1,200
経費	−200	−200
元本返済	0	0
利息の支払い	0	0
減価償却費	0	−250
合計	**1,000**	**750**

7　同じ物件、同じ経営でも税理士によって税額が違う

不動産投資の税務では、基本的に管理会社は営業利益の報告までが業務の範囲とされています。その後は、オーナーと税理士がやりとりして申告書を作成します。

不動産投資の税務は非常に複雑で、物件の評価法や経費の計上方法についても解釈が統一されていません。税務署によって、あるいは署員によって扱いが違うケースも多々見られます。

税務を扱う税理士も人によって仕訳や節税のスキームが異なり、どの税理士に頼むかで課税額が大きく異なることも珍しくありません。同じ物件を同じように経営していても、税理士が違うと税金の額が変わるのです。

やり方が違うだけでなく、税理士は個性や能力差が大きい専門家です。オーナーが申告するエリアの税務署に顔が利くかどうか。交渉がうまいかどうかかなど、同じ資格を持つ専門家でありながらできることには違いがあります。

8　攻める税務ができれば税額が下がる

経験豊富な税理士ほど節税能力が高いように思えますが、一概にそうとも言えません。長く同じ仕事をしてきているだけに自分のスキームにこだわりが強く、新しいチャレンジを嫌う人が少なくないのです。

法律の条文や判例から自力で読み解いて「このやり方でいける！」と判断できる税理士は、現場で活躍している人の中にもあまりいません。

たとえば課税額に関わる重要な事柄の一つに、「物件価格のうち土地と建物の比率をどう設定するか」というものがあります。1億円で賃貸マンションを購入した場合、土地と建物を1対1とするか、1対9とするかによって、税額はまったく違ってきます。

1対1なら土地5000万円、建物5000万円となります。減価償却できるのは建物だけですので、20年で償却すると1年あたり250万円を利益から差し引くことになります。

一方1対9なら建物価格は9000万円にふくらみます。20年で減価償却すれば1年あたり450万円を経費として計上できることになります。課税所得における年間200万円の差は不動産投資の成否を分けかねない大きな違いです。

1対1もしくは1対9のどちらかが正しく、どちらかが間違っているわけではありません。土地と建物の比率を割り出す方法はいくつかあり、適用する方法によって比率は違ってくるのです。

（土地と建物の比率を算出する方法）

①固定資産税評価額で按分する
②不動産鑑定士の評価額で按分する
③路線価を使って土地価格を算出し、残りを建物の価格とする
④再調達価格を基に建物価格を算出し、残りを土地の価格とする

税法上は「合理的な方法で按分する」とされているだけで、これらのどれを使うべきかは定められていません。税務上有利な割合を選んで減価償却し、経費として計上することは違法行為でもなんでもないのです。

9　不動産の実務に詳しい税理士は少数派

もともと不動産の実務に詳しい税理士は少数派です。専門的に扱っている一部の税理士以外では、学ぶ機会がほとんどないためです。

また不動産は個別の差が大きく、評価すべき要素がたくさんあります。実務の中で数多くの不動産と接した経験がなければ、不動産の税務に精通することはかなり難しいと言えます。

前述のとおり、税理士は知らないこと、やったことがないことにはあまり手を出したがりません。そのため攻める税務をせず、形式だけ整えて「やることはやりました」とすることが大半です。

不慣れな税理士でも「不動産のことは正直あまり知らないので」と、管理会社やオーナーと一緒に学ぶ姿勢を見せてくれる人が適していると思われます。

10　税務の失敗はデフォルトの大きな要因

税務の失敗は、デフォルトの大きな要因になります。重加算税などを課されるといきなり多額のコストがかかり、経営が立ちゆかなくなるためです。

不動産投資では、物件を売却した際に多額の売却益が出ることがあります。適切に申告せず仮装隠蔽すると重加算税の対象とされ、基本となる課税の40％分をペナルティとして納めることになります。

売却益が5000万円なら法人の場合、法人税として約2000万円が課税されます。この売却益を隠して申告していないことが発覚すると、さらに40％分にあたる800万円が重加算税として加算されるのです。

不動産投資は、税務調査が入りやすい事業です。扱う金額が大きくお金の流れが見えやすいので、税務当局からは「調査に入ると成果を得やすい」と見られているためです。

またここまで解説してきたとおり、税務の解釈が複雑で統一されていないため「不具合」を指摘しやすいことも税務当局から注目される要因でしょう。

不動産投資はもともと税金対策には不向きですから、節税をやりすぎるとかえって経営リスクが高まると考えるのが正解です。

【コラム】税務署はエビデンスで攻略できる

不動産の税務はかなり特殊なので、税理士だけでなく税務署員にも詳細な知識を持っている人は少なめです。多くの規定には解釈に幅がありますが、「この場合はどれを選ぶべき?」という理論をきちんと系統立てて説明できる人はほとんどいません。そのため税務について交渉する場合にはエビデンスを示すことができれば、認められる確率が高まります。

投資用不動産を減価償却する際には物件の価額を土地と建物に分け、建物の分だけを償却するのが一般的です。ところがこれを土地と躯体、設備という三つに分けることができれば、償却の仕方を変えることができます。設備は通常早めに償却できるので、購入直後のキャッシュフローが厳しい時期に、より大きく減価償却して円滑な経営につなげることが可能になるのです。

私の知っているオーナーの中にも、この償却方法に基づいて申告を行ったほうが複数人います。その結果はバラバラで、ある人は否認されたのにある人は是認されるということが起きました。

それぞれの申告方法に違いはなく、違っていたのはエビデンスの示し方だけでした。根拠をしっかり示して税務署と交渉できたオーナーは、設備を建物とは別に償却することが認められたのです。

税務では同じ節税策を導入しても、説明の仕方が違うだけで異なる結果が現れることがあります。

第7章　真実を自分の目で確かめ、高収益物件を手に入れる

本当の意味で資産を守るためには投資が必要

投資は攻めの戦略だと考えられています。自分が持つ資本を投入して、将来的により大きな資産に育てるのが投資です。定期預金のように保持していれば失ったり減少したりしませんが、投入された資本は大きく損なわれ、時には消えてしまうこともあります。そのため投資はリスクを覚悟で資本を増やそうとする攻めの戦略、預金こそ資産を守るための戦略と考える人が多数派です。

しかしながら「預金を選択すれば資産が減らない」という考え方は、必ずしも正しくありません。確かに預金額だけを見れば減ることはなく、微々たる増え方ですが利息が付く分増えていきます。日本社会全体がデフレ傾向にある中では、預金の価値も増大します。

ところが、インフレになると利息で預金の額がわずかに増えても価値は減ってしまうことがあります。

特に現在のような超低金利のもとで国がインフレ目標を設定している状況では、資産減少のリスクが高まります。定期預金の利率が１・０％におよばない中、インフレ率が政府の目標通り２％に届けば、預金の資産価値は減少してしまうことになるのです。

本当の意味で資産を守るためには、インフレ、デフレの両方に対応できるよう、コントロールしやすい「守りの投資」を組み込む必要があります。

日本では誤解されている投資とギャンブル

日本には、投資とギャンブルを同列に見る風潮があります。

「リスクが大きく、投下した資金があっという間に数倍になる可能性がある代わりに、数分の一になったり、場合によっては借金につながったりする」……投資についてもギャンブルについても、そんなふうに考える人がまだまだ多数派です。

確かに一部の投資にはそういったギャンブルと共通する面が見られますが、大きな違いもあります。

ギャンブルは誰かが負った損失の分、誰かが利益を得るものです。競馬を例にとるなら、全員が出し合ったお金を勝ち馬に賭けた人が受け取る仕組みになっています。利益を得る人がいる陰には、損をする人の存在が不可欠なのです。

対する投資は、本来多くの人が投資することで市場が活性化し、参加者の全員が利益を得ることを理想とします。大きさの決まったパイを分けるのではなく、投資によりパイそのものが大きくなるため、誰かの利益のために損をする人が出る必要性がないのです。

そのため、欧米において投資は経済成長に不可欠の行為と見られています。日本では「不労所得を狙う不適切な行為」と認識されがちですが、投資と労働を経済活動の両輪と評価するのが世界の常識なのです。

不動産投資はマネーゲームではない

投資には株式投資やFX（外国為替証拠金取引）、商品先物取引などさまざまなものがあり、中にはギャンブルに近いものもあります。「マネーゲーム」と呼ばれるような短期売買の多くは、経済活動というより利ざやを抜くためのゲームと言えるでしょう。

ある企業の株式をデイトレードする投資家は、企業に対する思い入れなど関係なく投資します。企業にどうなってほしいという希望ではなく、瞬間的な需給バランスの変化がもたらす株価の動きを読んで差益を抜くことが目的であるからです。

ＦＸを手がける投資家の多くも同じく、投資対象である通貨を発行する国の経済事情に関係なく投資します。先物売買に携わる投資家の大半は、自身が売り買いしている商品を見たこともないでしょう。マネーゲームをする投資家たちはただチャートやボードを基に売り買いの判断をして、資産にお金を生ませるだけです。

不動産投資は、そういった投資とは性質が大きく異なります。不動産投資の中にも「格安物件が出た」という情報を得て物件を購入し、右から左に流すだけというものもありますが、これはかなり特殊な例です。通常の不動産投資は、キャピタルゲインとインカムという両輪で成り立ちます。

キャピタルゲインはどれほど慎重に物件を選んでも、市場の動向に左右される面が小さくありません。安定的に利益を上げるためには、オーナーの経営努力や経営姿勢が反映されるインカムをしっかり確保することが大きなカギとなります。

インカムをもたらすのは「借り主」です。不動産投資は、顧客である「借り主」にどれだけ満足してもらえるかで成否が決まる「事業」としての面が非常に大きいのです。

そのため、投資対象である自分の物件に深い関心を持たざるを得ません。中には見たこともない遠隔地のマンションや土地に投資する人もいますが、成功する確率が下がります。

「借り主」は、物件を住居や仕事場として利用する人たちです。それぞれが持つ異なる事情や希望をくみ取って対応できなければ、オーナーが事業者として提供できるサービスの質は彼らが望むレベルには届きません。さらに言えば、魅力という面で競合物件に勝つこともできません。サービスの源泉である物件を見ずに、「借り主」の支持を得て物件を借りてもらうことは困難です。

株式やＦＸ、先物においては通用するマネーゲームの手法は不動産投資では利益につながらないのです。

他の投資に比べて不動産投資に劇的な儲けは少ないが損失も小さい

不動産投資には、他の投資に比べていまいちの面と優れた面があります。

いまいちの面でもっとも特徴的なのは「劇的に儲かることが少ない」ということでしょう。株式やFXでは数日で資金が2倍、3倍になることがあります。その分リスクの高い手法を選ぶことになりますが、劇的な儲けを出すことは可能です。攻守でいえば、攻めに強い投資といえるでしょう。

不動産投資で、短期間のうちにそういった利益が出ることはほとんどありません。ごくまれに「購入した物件が数日のうちに2倍の価格で売れた」などというケースも見られますが、幸運に恵まれただけであり、高いキャピタルゲインを狙って投資することは困難です。

格安物件の情報が一般の投資家まで下りてくることはほとんどないため、キャピタルゲインで大きな利益を出しているのはほとんどの場合、情報に強い大手不動産会社に限られます。

ただし、不動産投資には「資産が激減することはほとんどない」という大きな利点があります。

株式などでは社会情勢の変化で、市場の風向きがいきなり変わることが珍しくありません。バブル崩壊時にはほとんどの銘柄が連日大幅安となり、もはや売却することもできず、大半の投資家が数日で大きな損失を抱えることとなりました。投資のプロである機関投資家ですら、この損失を避けることは不可能でした。

その後も、同様の出来事がたびたび発生しています。リーマンショックやギリシャ危機といった出来事に端を発した株式相場の暴落やFX市場の混乱は、記憶に新しいところでしょう。資産が一気に数分の一になったり、ゼロになってしまったりした人も珍しくありません。

不動産投資では、そういった劇的な損失はほとんどの場合発生しません。家賃相場が下がればインカムは減少しますが、いきなり数分の一になることはありません。

また、物件価格がゼロになることも考えられません。たとえ建物の価値がなくなっても土地が消滅することはないので、どれほど状況が悪化しても投下した資本がなくなってしまうことはないのです。

不動産投資にはゆっくり判断する時間がある

株式やFX、商品先物取引における市場の変化は非常に急速に起きるため、瞬時に気づいて対応しないと逃げ遅れることになります。バブル崩壊やリーマンショック、ギリシャ危機などの際に多くの投資家が多大な損失を抱えることになったのは、対応が間に合わなかったためです。

一方、不動産投資に影響する社会情勢の変化は非常にスローなテンポで進みます。「物件の地価」「近隣の家賃相場」「人口や物件数の増減による需給の状況」……いずれも今週中に数十％上下するということはありません。数年という単位で変化しながら、ジワジワと影響してくる事柄です。

そのため、気づいてから対応するまでに時間がかかっても、多少は問題ありません。不動産投資に慣れない人でも、ゆっくり時間をかけて適切な判断を下すことができるのです。

エリアの家賃相場に変化が見られた時です。「物件に空室が目立つようになってきた」と気づいてから「家賃を下げる」という対応をするまでにある程度時間がかかったとしても、それほど大きな損失につながるわけではありません。スピーディに対応できればより効率よく経営できますが、判断が遅いことで致命的な損害が発生する危険性は低いです。

スピードが投資の成否を分ける株式やＦＸなどと違い、不動産投資ではのんびり自分のペースで戦略を立てることができます。

不動産投資は独特のレバレッジがある

株式投資やＦＸ、先物取引にはレバレッジがあり、資金の数倍にあたる投資対象を売り買いすることが可能です。資金が数十万円という人でも、数千万円単位の投資で大きな利益を得ることができます。

不動産投資にレバレッジはありませんが、融資を使うことによってレバレッジに似た大きな投資効果を生み出すことが可能です。

たとえば、自己資本として７５０万円を保有している投資家が、１億２０００万円の物件をフルローンで購入するケースを考えてみましょう。

物件の購入代金はローンで賄うことができますが、仲介手数料などの諸費用は自己資金で支払うのが一般的です。詳細は後述しますが、諸費用は物件価格の６％程度かかり７３３万円強となりました。

自腹を切って７３３万円を支払い、１億２０００万円の物件を経営するわけですから、「レバレッジ」は約16倍にもなります。同価格帯の物件における収支を紹介すると、家賃収

図表9　不動産投資のレバレッジ

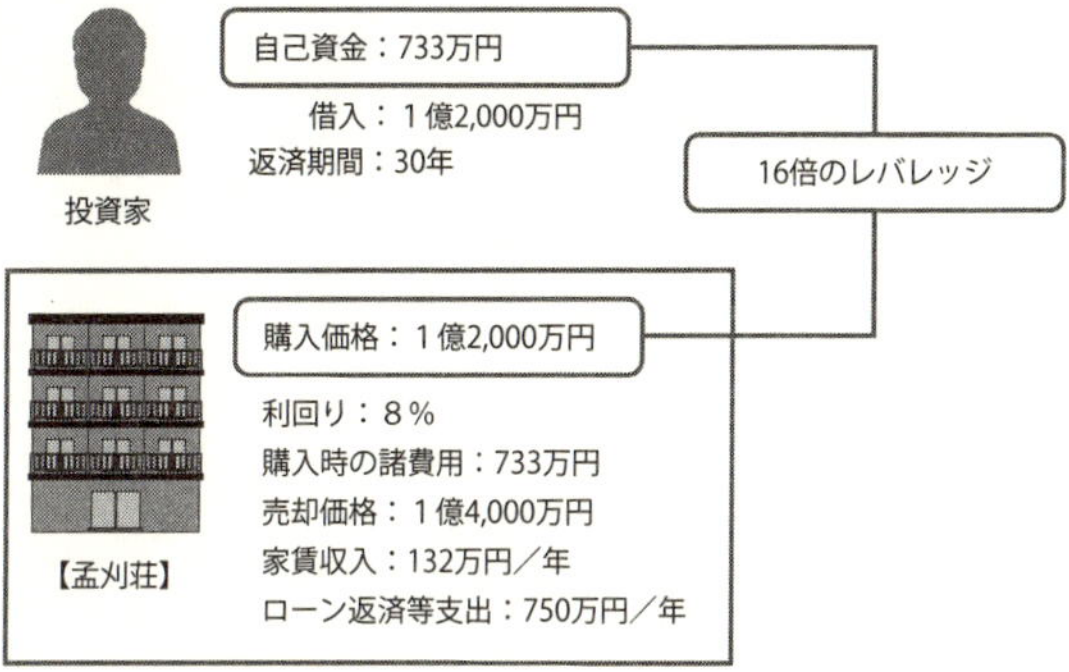

入85万円（初年度）から、ローンの返済や管理費、固定資産税、その他のリスク分を支出として除くと、月額の利益は11万円となっています。年間にすると１３２万円となります。

７３３万円投資して毎年１３２万円の利益が上がる投資の利回りは18％にのぼります。他の投資に比べてリスクが小さいことを考えると、かなり割のいい利回りといえるのではないでしょうか。

さらにキャピタルゲインを試算してみても、「レバレッジ」の効果を実感することができます。この物件が２年後に１億４０００万円で売れたと仮定してみましょう。

割合にして17％の値上がりです。数倍という価格上昇はレアですが、この程度の値上がりなら特に珍しくありません。
　物件の購入コストは左記のようになります。

物件価格：1億2000万円
土地：6000万円
建物：5556万円
消費税：444万円
合計：1億2000万円
※土地と建物を評価額按分して計算するのが一般的なので、ここでは半分ずつとします。

固定資産税評価額：6401万円

《購入時諸経費》
登録免許税（土地）：48万1035円

登録免許税（建物）：63万8820円
根抵当権設定費用：57万6000円
※銀行によっては設定額を債権額の1・2倍にすることも多い。
売買契約書印紙：6万円
司法書士報酬：15万円
仲介手数料：380万8944円
固定資産税、都市計画税負担額：32万4940円
※ここでは半年分を計上します。
出資金、融資手数料：129万6000円
※出資金、融資手数料は金融機関によって変動しますが、平均1％程度なので1％＋消費税を計上します。
購入時諸費用合計：733万5739円

不動産取得税（購入後2〜3か月後に支払い通知が来ます）：143万9265円

購入時合計：1億2877万5004円

※さらに火災保険等の費用が必要です。

運用時は得た賃料収入、減価償却、管理運営費を算入する必要があります。

《売却時（2年後）の簿価》

土地：6000万円

建物（減価償却後の簿価）：5112万円

※築年数、構造によりシミュレート結果が変わるため、ここでは築27年RC造として計算してみます。

評価額の按分で建物簿価は6000万円（税込）税別簿価5556万円

残存20年＋経過年数×0・2＝25年償却

556万÷25年＝222万
5556万－222万－222万＝5112万円
※ちなみにこれは資本的支出が無かった場合のシミュレーションです。

売却時の手残りは左記のようになります。

売却価格：1億4000万円（税込）
内訳：土地7000万円
建物：7000万円（税込、消費税10％）
（消費税10％：518万5185円）
（建物税抜き：6481万4815円）

《売却時諸費用》
売却時仲介手数料：451万4889円

繰上げ返済手数料（一般的に残債の2％程度）：225万8230円
※ここでは25年2・5％元利均等返済で残債を算出
残債：1億1291万1482円
売買契約書、領主書等印紙代：10万円
司法書士報酬：3万円

売却時諸費用：690万3119円

土地利益：654万8441円
建物利益：1024万3256円
利益合計：1679万1696円

さらにこの利益に法人税等がかかってきます。

取引時キャッシュフロー残額：２０１８万５３９９円

７００万円の投資により、２年で１６７９万円のキャピタルゲインが出ており、運用利回りは約１２０％という非常に高い倍率になります。

不動産投資は投資家自身がリスクヘッジできる

投資家自身によりリスクヘッジができるのも、不動産投資の大きな利点です。

株式やＦＸ、先物取引などではリスク要因に投資家が関わるのはほとんど不可能です。投資対象の価格に影響する事象を投資家は傍観し予想するだけで、利益が得られるあるいは不利益を回避できる方向に導くことはできません。

一般的な投資家にとっては株式投資における株主会議への出席が、影響力を行使する最大かつ唯一の手段といえます。ただ株主会議に出席したとしても、よほどの大株主でなければ経営方針を自分の意思通りに導くことは不可能です。

会社の経営方針を決めるのはあくまで経営陣であり、株式に投資する投資家の大半はその結果を見守ることしかできません。

FXや先物取引では株式投資における「株主総会」のような場すらありませんので、リスクヘッジは不可能という前提でギャンブルに近いマネーゲームをするしかないのです。

一方、不動産投資には先に解説した通り「事業」としての性格が強いので、リスクヘッジをすることが可能です。家賃の改定やリフォームによる物件の魅力アップ、広告料の増額による入居付けの強化など、オーナー自身がさまざまな手段を検討し実現することで、状況の変化がもたらすリスクを乗り越えることができるのです。

不動産投資には「インサイダー取引」がない

不動産投資で利益を上げる最大のポイントは「地道な努力」です。こつこつと勉強を重ね人脈を広げて入ってくる情報量を増やせば、投資の成功率は勉強量や情報量に合わせて高まっていきます。特に、他の投資家がなかなか入手できないような裏情報を拾えるようになったら、成功する確率は一気に上がります。

株式投資などでも情報は非常に大切ですが、「知りすぎると投資できない」という矛盾もあります。たとえば、人脈を介して新薬開発の情報を耳にした投資家が発表に先んじて製薬会社の株式を購入すれば「インサイダー取引」として罪に問われます。特定の立場にある人だけが知る事実を根拠に投資し成功を収めることは、商法に違反する行為として厳しく罰せられるのです。

ところが、不動産投資には内輪の情報に基づく取引を禁じる規定がありません。情報収集の努力がそのまま利益に直結するので、地道な勉強家ほど利益を上げやすいという健全な一面が確保されているのです。

不動産投資で成功するにはリサーチがカギになる

資産の守り手となる不動産投資を成功に導くカギは、日頃からのリサーチにあります。

気になる物件が見つかったら、購入する目処が立っていなくてもとりあえず見学してみましょう。たくさんの物件にいつも触れていることで相場観が養われ、常に更新されていきます。

購入に向けた手を積極的に打ってみることも有効です。折り合いがつかず契約が流れた場合も、価格や条件のパターンを細かく理解し吸収することができるためです。

そういった経験を重ねることで、次に同様の物件が出た時には検討する時間が大きく短縮されます。投資用不動産物件はパターンに当てはめて判断することができるため、毎回物件の詳細を検討しなくても大まかに、購入を考えていい物件かどうか選別できるようになるのです。

掘り出し物の物件は、市場に出てから10秒で売買が決まってしまうことも珍しくありません。「そこそこいい」という物件でも、1日あれば売約済みになることが多々あります。リサーチによって身につけたパターンは、ライバルに先んじてよい物件を入手するための貴重な財産となります。

日常からのリサーチは、物件経営の面でも役立ちます。たとえば自らが保有する物件の近隣を散歩がてらにリサーチする習慣があれば、経営に関わるさまざまな環境の変化にいち早く気づくことが可能です。

近隣には競合物件がありますから、状況を日頃から観察することで空室の増減や修繕・リフォームをかけたことなどのリサーチが可能です。自身が目で見た情報を基に判断できるため、適切な対応をとることが容易です。

繊細に調整しながら保有する物件の家賃を引き下げたり、修繕・リフォームをかけたり、広告料を増額したりといった対策を打つことで、常に鼻差で勝つ競争優位を保つことができるのです。

さらにもう一つ、日頃から競合物件をリサーチしておくと、自身の未来を予想できるという利点も生まれます。近隣にある「保有する物件に類似しているが少し築古」といった物件を観察することで、自身の物件がどうなっていくのかを把握することが可能です。

家賃はどのように下がっていくのか、空室はどのように増えていくのか、修繕やリフォーム、設備の導入などによりどの程度改善されるのか……、競合物件はリアルなシミュレーションを示してくれます。

意外に気づかない自分のアドバンテージを活かす

投資用不動産の中には「Aさんが経営してもあまり利益が出ないが、Bさんなら大きな利益を出せる」というものが多々あります。AさんとBさんの投資スキルがほぼ同じなら、逆に「Bさんが経営するとあまり利益が出ないが、Aさんなら大きな利益を出せる」という物件も存在します。

一見不思議に思えますが、多くの物件は「加工」することで収益率が大きく変わってくるため、オーナーによって利益の出方がまったく違うのです。

たとえば空室によるロスを算入しローン返済や経費、税金を支払うと手元に残る利回りが1%に満たない物件があるとします。築古で修繕やリフォームのコストもかかり、収益還元法で試算すると物件価格は格安になるダメ物件です。

ところが投資家の中には、このダメ物件を「加工」して利回りを上げられる人がいます。

不動産投資を手がけるオーナーには、本業として工務店や内装業、塗装業などを営む人が珍しくありません。物件の修繕やリフォームを自前で賄えるオーナーなら、修繕にかかるコストを抑えることが可能です。低コストで物件の魅力を高めるリフォームを行えれば、空室率を低下させ家賃をアップして利回りを改善できます。

そういった技術だけでなく、資産家であることも「加工」につながるオーナーの特性です。資産家向けの融資は金利が低くなります。中には1％以下で融資を受けられるオーナーもいるので、同じ物件を購入した場合にも返済の負担が大幅に軽減されます。

左記は、1億2000万円の融資を受けた場合の返済シミュレーションです。

【年利3％】
借入額：1億2000万円
毎月の返済額：50万6000円
総返済額：1億8200万円

【年利1％】
借入額：1億2000万円

毎月の返済額：38万6000円
総返済額：1億3900万円

金利を引き下げることができれば、月々の返済額は12万円も安くなり、総返済額は400万円以上も低下します。これだけの差が生まれると経営はかなり楽になり、実質的な利回りも大きく改善されます。

資産を多く持つ投資家は、金融面でのアドバンテージを活かした「加工」ができるのです。

交渉力やライフスタイルも加工につながる特徴

「交渉力」も、独自の加工につながるオーナーの特徴です。立地もよく築浅という条件のかなりよい物件に、1億円の売り値がついていたとします。しかし、調べてみるとどうも相続絡みの物件で、売り主は一刻も早く現金がほしい様子。そこで交渉力のあるオーナーなら「今すぐ買うから8000万円でどう?」と提案することもできます。

また、設計士やデザイナーなど小さなオフィスがあれば仕事ができるというオーナーなら、条件の悪い物件を購入して一部を仕事場に使うという「加工」もあり得ます。もともと本業のオフィス賃料として支払っていた分が浮きますので、その分を利益と考えれば利回りは改善されます。

ローンの返済期間が持つ意味を意識してリスクをコントロールする

「時は金なり」という言葉は、不動産投資においても非常に重要な意味を持ちます。特に、ローンの返済期間という「時間」をどう設定するかによって、経営上のリスクが大きく変わることは正しく理解しておく必要があります。

月々の経営を念頭に考えると、返済期間の長いローンが有利に思えます。月あたりの返済額が少なくてすむためです。

図表9（P179）の物件購入では1億2000万円の融資を受けています。返済年数によって支払いがどう変わるのかシミュレートしてみたのが左記になります。

【30年ローン（金利2％）】
借入額：1億2000万円
毎月の返済額：44万4000円
総返済額：1億6000万円

【20年ローン（金利2％）】
借入額：1億2000万円
毎月の返済額：61万円
総返済額：1億4600万円

返済年数を20年に設定すると月々の返済額は4割近くも高くなるため、資金に余裕がなければ経営はかなり難しくなります。

図表9の物件における月々の家賃収入80万円は満室での試算です。空室リスクを算入し、

管理料などその他の経費を差し引いていきますと、61万円を毎月返済することは簡単ではありません。

かたや30年ローンなら返済額は44万円ですみますから、賃貸経営に行き詰まるリスクは低下します。

この比較を見るとなるべく長期ローンを組むのが安全なように見えますが、実はそうとも言えません。長期ローンには毎月の返済額が少ない分、「残債がなかなか減らない」というリスクがあるためです。

左記は30年ローン、20年ローンそれぞれの15年経過時の残債です。

【30年ローン（金利２％）】

借入額：１億２０００万円

毎月の返済額：44万４０００円

15年経過時の残債：６９００万円

【20年ローン（金利2％）】
借入額：1億2000万円
毎月の返済額：61万円
15年経過時の残債：3500万円

20年ローンに比べて、30年ローンの残債はほぼ2倍になります。15年というのはかなり長い歳月です。その間に社会やエリアの情勢は変化しますし、物件の状況も変わります。相場によっては物件の価値が大きく低下することもあるでしょう。家賃は確実に低下していきますし、修繕やリフォームに要するコストは逆に増大します。

月々のローン返済額は変わりませんので、当初は余裕があった30年ローンでも経営が困難になるかもしれません。相場が下がり、物件価格がほぼ地価だけの5000万円に下がった状況で売却せざるを得なくなったケースを考えてみましょう。

20年ローンなら、残債をクリアした上で1500万円の残債が手元に残ります。一方、30年ローンの場合には残債を支払うのに1900万円足りません。長期ローンを組むと、このように物件売却時に残債以下になってしまうリスクが大きく膨らんでしまうのです。

月々の返済額を重視するか長期的なリスクの回避に重きを置くかは、オーナーそれぞれの判断です。いずれにしろローン返済期間の意味を理解し、リスクをコントロールすることが不動産投資では非常に大切です。

最悪を想定して投資額の1割は自己資金で準備する

手元資金ゼロでも不動産投資ができるとうたう事業者は、少なくありません。投資家の与信によっては資産がなくても金融機関が物件購入の資金を全額融資してくれるため、実際に資金ゼロで不動産投資を始めることは可能です。

不動産投資はリスクの低い投資ですが、それでもさまざまなトラブルが発生することはあります。

前述しましたが、配管などの設備が破損すれば一気に多額のコストがかかります。空室が増えれば一時的にローンの支払いが滞るかもしれません。リフォームや修繕をかければ改善できますが、そのための費用も必要です。

手元に余剰資金を持っているオーナーや、瑕疵担保保険に加入していたオーナーは配管を修理できますし、一時的な空室の増加を乗り切ることも可能です。リフォームや修繕をして経営状況を立て直すこともできます。

ところが、そういったトラブルを乗り切るための余剰資金がなければ賃貸経営はすぐに行き詰まり、最終的には物件を売却することになってしまいます。

余剰資金は多ければ多いほど安心できますが、あまり多額の資金を寝かせておくのは現実的ではありません。たいていのトラブルに対処できる額として、投資額の最低1割を保持しておくのがお勧めです。

これにより金融機関からも安全性の高いオーナーと判断してもらえるので、次の融資も好条件を獲得できます。

物件の経営では常に最悪を想定しておく

不動産投資を始める際には、最悪の事態を想定することから始めます。最悪の事態とは大きな残債があるため売却できず、毎月の収支が赤字」という状況です。売却してリセットすることもできないため、本業の収入を回したり貯蓄を取り崩したりしてローンの返済を続けなければなりません。

資産や収入によほど余裕のある人でなければ、毎月の赤字を埋め続けるのは困難でしょう。貯蓄がなくなり収入からのローン返済ができなければデフォルトすることになります。そうならないためには、投資を始める時から出口における残債と売却価格を常に意識しておくことが大切です。

不動産投資のゴール①　本業の経営基盤を強化する

不動産投資を手がけるオーナーには、自分なりの動機とゴールを明確化することを勧めます。「なんのために不動産投資を手がけるのか」、さらには「投資によりどういう状態を作れたらゴールといえるのか」が自身ではっきりわかっていれば、判断にあまり迷わずにすみます。

たとえば本業として他に事業を経営しているオーナーの場合には「事業の安定性強化が目的」というケースが少なくありません。

どのような事業にも、追い風に乗れる時と向かい風に苦しむ時期があります。向かい風の時期にも資産を切り売りしたり人材を切ったりすることなく耐えることができれば、次の追い風ではより大きく前進することができます。

不動産投資から上がる収益は安定性が高く、状況によってそれほど大きく変化することがありません。この収益を会社が苦しい時に耐えるための資金としてあてにできれば、本業の経営にも余裕が出てきます。

具体的な例を挙げると「人件費を賄えるだけの収益を上げること」を不動産投資におけるゴールに設定しているオーナーがいます。人件費を投資用不動産から上がる利益でカバーできれば、本業の経営が苦しくなっても社員を守ることができます。経営者としてもっとも心配していることのリスクヘッジを不動産投資で実現しようとしているのです。

不動産投資のゴール②　悠々自適で暮らすための老後資金作り

不動産投資は、老後の資金作りに適しています。ローンを完済した後の家賃収入は１００％オーナーのものです。管理料や経費の支払いは必要ですが、それまで支出の中で大きな割合を占めていたローン返済分が手元に残るのですから、余裕を持って経営しつつ増えた手残りを老後の楽しみのために使うことができます。

老後の資金として不動産投資を手がける場合には、ライフプランと並べてローン返済の計画を練ることが大切です。「何歳で仕事を辞めるのか」といったことが明確であれば、それに合わせて適切なローンを組むことができます。

また「50代半ばまでにリタイヤして後は海外に住みたい」などの希望があるなら、その夢を前提に計画を立ててみてもよいでしょう。リタイヤまでに売買を繰り返して資金を増やし、複数棟を所有します。リタイヤして移住する際には何棟かを売却して資金を作り、その後は残った物件からの収入で生活資金を賄うといった計画を立てれば、夢を実現することも可能です。

不動産投資のゴール③　子供や孫の暮らしを守る次世代へのギフト

自身の不動産投資で「子供や孫の生活安定を」と考えているオーナーは数多く見受けられます。

たとえば賃貸マンションを保有すれば数十年という長きにわたって、一定の収益を受け取ることができます。ローンの返済が終わるまでは経営に神経を使いますが、子供や孫に譲る頃にはローンの返済も終わっています。特に経営を意識しなくても毎月ある程度の金額が入ってくるようになっており、子供や孫にとって生活の安定につながる収入の柱となります。

建物が老朽化してインカムがなくなった場合にも、土地には価値が残ります。

大学進学や結婚、事業を起こすなど、子供や孫たちが大きな資金を必要とする時には、貴重な助けになるはずです。

不動産投資のゴール④　社会に貢献して人に喜ばれる事業者になる

一国一城の主である事業主という立場には魅力がありますが、一般の人が簡単になれるものではありません。自分が責任者となって物品やサービスを社会に提供し、収入を得るためには多くの場合、特別な技能や経験が必要です。

不動産投資では物件を購入することで、誰でも事業主になることができます。もちろん収益を上げることが第一の目的ですが、最終目的である必要はありません。

さまざまな経験を積み、物件の経営に慣れていく中では、「社会に貢献して人に喜ばれる事業者になりたい」と考えるオーナーも少なくありません。

たとえばワンルームマンションを所有するオーナーの中には、若い入居者と個人的な絆を結ぶ方がいます。地方から都会に出てきて心細い思いをしている若者にとって、「住」をきっかけにお付き合いでき相談できるオーナーは貴重な存在でしょう。

ファミリー物件においても入居者の子供に目配りするなど、投資家に求められる以上のサービスを提供することを喜びとするオーナーもいます。

もちろん家賃という収益を得るために展開している事業ですから、無償の愛ではありません。しかしながら多くの事業と同じく、不動産投資でも収益と社会貢献を矛盾なく追うことは可能です。

そのバランスをうまくとって、借り主や管理会社、金融機関、不動産仲介会社、リフォームを請け負う工務店などを含めたプレーヤーの全員が幸福になれる道を探すことが、不動産投資において長く安定的に成功を収める最大のカギといえるかもしれません。

寄稿　誰もが知る大手管理会社の嘘に気づいた日

【有限会社グロウイング代表取締役　栗山茂也氏】

不動産業界は、驚くほど嘘の多い世界です。

私がそのことに気づいたのは、大手管理会社の不誠実な対応がきっかけでした。かつて私は、所有していた物件の管理を大手の管理会社に委託していました。テレビCMなども派手に展開するA社は、誰もが知る大手企業です。

ある時そのA社に管理を任せていた物件で、空室がなかなか埋まらないことがありました。不動産投資では、よく起きる困り事です。管理委託契約の中に入居付けについてはA社が専属的に対応するという条項があったため、私は同社の担当になるべく早く空室を埋めてほしいとお願いしました。

ところが、数か月待っても入居者が決まりません。事情を問い合わせると、A社の担当は「なかなか入居希望者が見つからない」と言うばかり。しびれを切らした私は、別の仲介会社に部屋付けをお願いしてみました。

するとしばらくしてその仲介会社から連絡が入り、「入居希望者が見つかったので問い合わせたところ、すでに商談中ということでA社に断られてしまった」との連絡が入ったのです。ようやく空室が埋まると安心した私ですが、その後いくら待ってもA社から入居者が決まったという連絡が入りません。不振に思って「商談中なのでは？」と問い合わせると、「そんな話はない」と言います。

さすがにおかしいと感じた私は、事情を問い質しました。真相を知っていることが伝わったのでしょう。担当者は答えに詰まり、ついには入居付けをしていなかったことを告白したのです。

営業マンや営業所には期間ごとのノルマがあるため、それをうまく達成できるよう入居付けをする時期を調整していたのです。保有している物件を空室のまま放置される私にとって、彼らの都合による「調整」は毎月の損失につながります。しかしながら、彼らは自分たちの事情を優先して入居付けをせず、平気で嘘をついていたのです。

私はこれまで不動産投資以外の実業の世界で、幅広くさまざまな企業や人と関わってきました。中には信頼できない人や企業と出合ったこともありますが、総じて言えばごく少数です。

不動産業界に、そういった常識は通用しません。大手企業を含む多くの事業者が平然と嘘をつき、情報を隠します。「不都合な情報はなるべく伝えない」というスタンスは、A社に限らず業界のスタンダードとなっているようです。物件の購入では高い利回りを示して儲かる理由を説明してくれますが、雨漏りがすることや大規模修繕が必要なことはほとんどの不動産仲介会社が伝えてくれません。

そんな不動産投資の世界にあって、私が成功し収益を上げてこられたのは信頼できるパートナーと出合えたためです。少数派ではあるものの、不動産を手がける事業者の中にも偽りなく詳細な情報を伝えてくれる人はいます。そんな事業者と信頼し合える関係を築けたら、不動産投資の成功率は大きく高まり楽しみも増大します。

不動産には一つとして同じものはありませんし、セオリーも通用しません。収益が上がらないように見える物件が、実は高値で売却できたり大きな利益を生んでくれたりすることも珍しくありません。

信頼できる情報を基にそんな「宝物」を探すことこそ、他の投資にはない不動産投資の醍醐味だと私は感じています。

始めた当初は「貯金代わり」程度にしか考えていなかった不動産投資に私が本気で取り組むようになったのは、本書の著者である八木さんに出会ってからです。さまざまな情報提供を受けながら手がける不動産投資の面白さに魅せられたのです。

この本をきっかけに多くの人が不動産投資の真実に気づき、業界が健全に発展していけば、多くの人が安心して不動産投資にたずさわることができるはずです。投資家の一人として、不動産投資の世界がもっと公正でオープンなものになることを願ってやみません。

おわりに

本書を書き上げる課程で、私は業界に横行している不都合な真実を一つひとつ取り上げ、検証してみました。長く携わっている業界だけに理解しているつもりでしたが、書籍としてまとめてみると、あらためてその数の多さに驚かされました。

旧態依然として、情報公開が進まない世界……不動産投資を手がける人が少ないのは、多額の資金を必要とすることが大きな理由ですが、情報公開からはほど遠い業界のありようも一般の人の気軽な参入を妨げる要因となっているはずです。

「騙《だま》されるのでは……？」

一定以上の社会経験がある人の多くは、不動産投資についてそんな警戒感を持っています。同じ投資でも、株式やＦＸ、商品先物取引については「騙される」と考える人は今やほとんどいないでしょう。

本書で私が明らかにした不動産投資の「不都合な真実」は、いずれもオーナーの方々に知れ渡っていないものばかりです。本書できちんと知らしめることで、一般の投資家の方は、やはり不動産投資がそんなに簡単なものではない、と思ったかもしれません。

しかし私がこの本を著したのは、本当の不動産投資は安心感の高い優れた投資だと考えるからこそです。

なぜなら、きちんとリスクを把握して経営すればキャピタルゲインを狙わずとも、家賃収入をほぼ確実に得られる。劇的に値下がりするリスクは小さく、資産がゼロになることはあり得ない。さらに自分自身でリスク管理ができるなど、他の投資と比べても優れた点を多々見つけることができるからです。

本業がある方にとっては不動産投資を基盤にすることで、経営の安定を図れますし、悠々自適の老後を過ごしたい方にとってはリタイヤ後の暮らしを実現する手段にもなります。

情報公開が進み、不動産投資がより身近なものとなれば、多くの投資家の関心を引き、それによって、さらなる業界の健全な発展につながると考えています。

拙著が、皆さんの不動産投資の一助になれば、これに勝る喜びはありません。

八木　剛（やぎ　つよし）
1978年生まれ。兵庫県尼崎市出身。大阪明星高等学校卒業。関西大学経済学部 経済学科卒業。経営コンサルティング会社、分譲マンション管理会社、賃貸マンションディベ ロッパー、賃貸マンション管理会社を経て、2015年に不動産 投資育成株式会社を設立。同年、代表取締役に就任。500人以上におよぶ個人投資家に対し、収益 物件を活用した資産形成のサポートを行う。また、自身も収益物件を購入・管理しており、取り扱い総額は100億円を超える。

経営者新書　159

誰も触れない
不動産投資の不都合な真実

二〇一六年二月一日　第一刷発行
二〇一六年三月一八日　第二刷発行

著　者　八木　剛
発行人　久保田貴幸
発行元　株式会社　幻冬舎メディアコンサルティング
〒一五一-〇〇五一　東京都渋谷区千駄ヶ谷四-九-七
電話〇三-五四一一-六四四〇（編集）
発売元　株式会社　幻冬舎
〒一五一-〇〇五一　東京都渋谷区千駄ヶ谷四-九-七
電話〇三-五四一一-六二二二（営業）
装　丁　幻冬舎メディアコンサルティング　デザイン室
印刷・製本　シナノ書籍印刷株式会社
検印廃止

Printed in Japan　ISBN978-4-344-97406-7　C0233
幻冬舎メディアコンサルティングＨＰ　http://www.gentosha-mc.com/